Detlev Werth, in Paris geboren, machte zunächst eine kaufmännische Lehre im Groß- und Außenhandel, verbrachte vier Jahre in Frankreich und trat dann in das familieneigene Handelshaus ein. Im Rahmen der Städtepartnerschaft engagiert er sich in der deutsch-französischen Arbeit.

Schon früh begann er mit dem Import von Orientteppichen. Heute ist er auf diesem Gebiet ein vielgefragter Kenner und Sachverständiger und hat in zahlreichen Fachpublikationen veröffentlicht.

1994 erschien sein erstes Buch *Orientteppiche - von Persern, Türken & Co. – Das Handbuch für Einsteiger.*

W0197150

Von Detlev Werth ist außerdem erschienen:

*Höhlen, Trüffeln, dunkle Wälder* (Band 60437)

Originalausgabe Juni 1997
Copyright © 1997 Droemersche Verlagsanstalt
Th. Knaur Nachf., München
Umschlaggestaltung: Agentur Zero, München
Umschlagabbildung: »Le Cannet«, Gemälde
von Pierre Bonnard.
© VG Bild-Kunst, Bonn 1997
Satz: Ventura Publisher im Verlag
Druck und Bindung: Elsnerdruck, Berlin
Printed in Germany
ISBN 3-426-60641-0

2 4 5 3 1

# Detlev Werth

# Streifzüge durchs Périgord

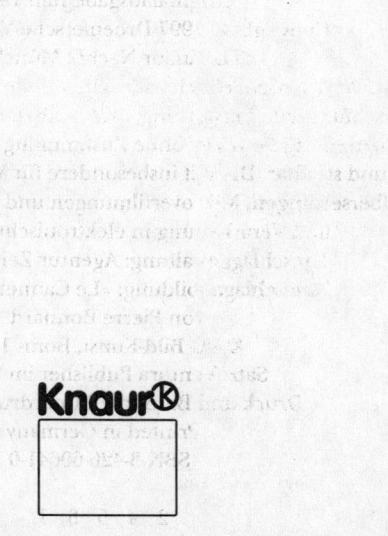

**Knaur®**

*Geleitwort:*

*Sollte Gott wirklich in Frankreich leben,*
*dann hat er seinen Hauptwohnsitz im Périgord.*

*Gewidmet*
*Madeleine und Serge*

# Inhalt

# Tafeln, Plaudern, Schauen

Mit der frankreichweit üblichen, lockeren Begrüßung *»Comment ça va?«* (Wie geht's?) oder okzitanisch, fast schon katalanisch klingend, *»Como quo vaï?«* erkundigt man sich im Périgord, so wie überall sonst auch, immer zuerst nach dem persönlichen Wohlergehen. Doch dann will man wissen, ob das jetzt wohl ein gutes Pilzjahr werden wird. Und wo die Touristen dieses Jahr nur bleiben. Aber daß die Politiker ... na ja, es hat sowieso keinen Zweck, sich darüber überhaupt noch zu ereifern! Spätestens danach – mit Erwähnen der Pilzsaison klang es bereits an – dreht sich das weitere Gespräch hier meist ums Essen. Solcher Lebenseinstellung wollen wir uns anpassen und mit diesen lebensbejahenden Menschen Menüs, Rezepte, Quellen und Ideen austauschen. Regionale und andere Gerichte in ihrer Heimat, in ihrem ureigensten Umfeld zu erleben ist von ganz besonderem Reiz. Mit all dem Spaß am Zusammenstellen, Vor- und Zubereiten und – Genießen. Und das bei der Gastlichkeit sich biegender Tafeln und der Bekömmlichkeit schmackhafter bis köstlicher Spezialitäten.

Die Zeit verplaudern, endlich sich treiben lassen – ohne Hektik und in Gesellschaft angenehmer, zugänglicher Tischgenossen. Ausspannen. Dabei beeindruckt sein von dem uns umgebenden Szenarium sanft-welliger Hügel, schroffer Felsen, steiler Kliffs, tiefer, unergründlicher Wälder, kraftvoll duftender Erde, blühender Wiesen und von

Menschenhand nicht übermäßig umgestalteter Kulturlandschaft. Sowohl eine Einführung für Frankreichfrischlinge als auch Auffrischung für gestandene Frankophile. Périgord – ein Fleckchen Erde, von dem mittlerweile oft die Rede ist, das aber nur wenige wirklich kennen.

Bekanntlich bietet uns Frankreich zahlreiche sehenswerte Landschaften mit einem ausgeglichenen Klima. Eine der schönsten haben wir gewählt und lassen uns nun hier nieder zum Tafeln, Plaudern und Schauen: im märchenhaft-mystischen Périgord. Küche, Land und Leute als Einheit, als wirklich zusammengehörig betrachtend. Mit Bedacht werden wir ausführlich von ihren weltweit geschätzten Gaumenfreuden kosten – von einfach-bodenständig und rustikal bis hin zur raffiniert-hochgezüchteten *grande cuisine*. Ganz dem individuellen Anspruch und der zeitweiligen Stimmung folgend.

Mit ihrer offenen Hinwendung zu den schönen Dingen des Lebens und der besonderen Zuneigung zur Küche pflegen die Franzosen einen von vielen Deutschen immer mit etwas Wehmut betrachteten Lebensstil, den man allzu gerne auch hierzulande hätte. Doch auch wenn sich schon vieles geändert hat, in Deutschland gehen die Uhren eben anders. Also muß man an die Quelle, das Besuchsland in erster Linie durch seine Einwohner kennenlernen und in unserem Fall zusätzlich über die eigene Zunge erleben. Auf das südwestfranzösische Périgord, von dem sich eigentlich kaum sagen läßt, ob dort die Kochkunst oder die Landschaft anziehender ist, trifft das ganz besonders zu.

Schmunzelnd findet man überall in den französischen Provinzen zudem immer ein wenig Clochemerle – das macht sie so liebenswert. So sind die hier auftretenden Menschen und die aufgezeichneten Menüs vordergründig ein Rahmen für entspannendes Speisen in erlebnisreicher, fröhlicher

Atmosphäre, mit allem Drumherum und Drum und Dran, mit beschaulich-besinnlichem Blick auf Land und Leute.

Die Kochkunst des Périgord genießt bei allen Franzosen höchsten Respekt. Jeder, der auf diese alte Provinz der Krone zu sprechen kommt, verdreht genüßlich die Augen und ergeht sich sofort in Lobpreisungen. Trüffel, *confit* und *chabrol* werden auch von Landesunkundigen sofort in einem Atemzug genannt. Auch wenn man noch nie im Périgord war, seine Delikatessen kennt man. Die nette Sitte des *chabrol* – übrigens die einzig wirklich preiswerte der drei soeben genannten – trifft man so ausgeprägt nur im Südwesten Frankreichs an. Wenn noch ein, zwei Löffel Suppe den Tellerboden bedecken, wird reichlich Wein dazugefüllt und dann mitsamt dem Rest der Suppe ausgelöffelt. Will man es zünftiger machen, führe man den Teller ohne jedes schlechte Gewissen gleich direkt an den Mund. Natürlich, Schlürfen ist dabei unvermeidlich, und die immer auf unser gutes Benehmen bedachten Ehefrauen haben meist wenig Sinn für unsere freudige, ernstgemeinte Hingabe an die zu respektierende Landessitte. Zumindest in der Öffentlichkeit streiken sie. Zum großen Leidwesen der Mütter machen natürlich auch die Kinder sofort mit – aber lieber nur mit Limonade. Der ursprüngliche, sehr praktische Sinn des *chabrol* ist leicht zu erkennen: Der Teller – Geschirr war in früheren Zeiten eben knapp – wurde so für den nächsten Gang gesäubert und dabei gleichzeitig die Kehle für das nachfolgende Gericht geölt. Und wer im Verdacht steht, dem Wein ein wenig zu sehr zugetan zu sein, kann sich auf diese Weise geschickt herausreden – er ißt ja nur.

All die hier geschilderten Gaumenfreuden, angefangen bei den berühmten Suppen über schmackhafte Leckereien, saftiges Fleisch mit sämigen Saucen, knusprigen Fisch, dampfende Gemüse, liebliche Desserts, herzhaft-knackige

Salate, berauschende Weine und kraftvolle Schnäpse, sind nicht nur Rezepte im unterhaltungsfreien Raum, sondern verbunden mit Tafeleien, von deren Erleben alle Beteiligten teils heute noch zehren.

Doch geht es hier nicht nur um den Gaumenkitzel. Wir lernen dabei Land und Leute kennen, wir durchstreifen gemeinsam eine Gegend, die erst in jüngerer Zeit mehr und mehr aus ihrem Dornröschenschlaf erwacht und deren bereits südlich geprägte Einwohner uns ein heiteres Lebensgefühl vermitteln.

Damit die Küche uns jedoch nicht allzu sehr regional einengt, flankieren und garnieren wir alles mit einigen wenigen, berühmten Rezepten aus anderen Gegenden, sitzen aber – bis auf einen einzigen Ausflug in die Fremde – immer zu Tisch im Périgord, das wir nun eine Weile nicht mehr verlassen wollen.

## Das Schlachtenhuhn

Um auch dem größten Zweifler aufzuzeigen, wie ungeheuer wichtig Küche und ihr Umfeld bei unserem Nachbarn sind, dem das bedächtige Genießen nicht nur angedichtet wird, sondern sein Leben und Trachten – für ihn ganz selbstverständlich – mitbestimmt, machen wir jetzt gleich einen eindrucksvollen Abstecher in die reiche Geschichts- und Gerichteküche der Franzosen. Mit einem so historischen und bewegenden Huhn wie dem *poulet à la Marengo*, das dem selbstgekrönten Kaiser der Franzosen von seinem Leibkoch vor dieser Entscheidungsschlacht kredenzt wurde. Man bereitet das berühmte Schlachtenhuhn – es heißt immer noch ganz martialisch nach der Wallstatt – wie folgt zu:

14

## Poulet à la Marengo

2 Brathähnchen, 5–6 EL kaltgepreßtes Olivenöl,
1 Knoblauchzehe, 1 Bouquet garni,
Salz und Pfeffer, evtl. 150 g Waldpilze
oder 50 g Trüffeln.

Das Fleisch der bratfertigen Masthähnchen wie zu einem
Frikassee entbeinen und in dem Olivenöl goldbraun anbraten. Eine zerdrückte Knoblauchzehe dazugeben, gut salzen
und pfeffern. Kurz bevor Sie das Fleisch aus der Kasserolle
nehmen, würzen Sie alles mit dem Bouquet garni, einem
Gewürzsträußchen; so man hat, möglichst frisch. Man kann
noch mit Waldpilzen verfeinern. Will man eine Kochstufe
höher steigen, raspelt man noch Trüffeln dazu – unser
erster Bogenschlag ins Périgord.
Serviert wird alles mit einer in den verbliebenen Bratenfond
eingerührten, schmackhaften *sauce italienne*, die Sie über das
Hühnerfleisch gießen und folgendermaßen zubereiten:

### Sauce italienne

2 EL kaltgepreßtes Olivenöl, 1 Bund Petersilie,
2 Schalotten, 10 g Champignons, 20 g Trüffeln,
1 Glas Weißwein.

Alles feinhacken, die Trüffeln raspeln, zusammen in einen
Bratentopf geben und bei schwacher Hitze 30 Minuten
dünsten. Zum Schluß rühren Sie das Olivenöl darunter.

Wohlversorgt mit diesem leckeren Geflügel im Bauch,
konnte Napoleon I. daraufhin im Juni 1800 die Österreicher

bei dem kleinen piemontesischen Ort Marengo in die Knie zwingen. So wurde doch tatsächlich ein kriegerisches Ereignis Taufpate für ein profanes Hühnerfrikassee, allerdings der besonderen Art.

Man führe sich nur einmal das fast Unglaubliche vor Augen: Die Marketender mit ihrer Fourage, ein Truppenteil, der ansonsten immer über ausreichend frische Munition verfügt, hatten total versagt. Dem Koch, diesem strategisch sicher unverzichtbar wichtigsten Krieger der Etappe – wohl mindestens im Range eines Generalmajors mit kämpferisch gekreuzten Kochlöffeln auf den Revers, seine Gulaschkanone bestimmt nach allen Seiten bestens gesichert von den erfahrensten Gardesoldaten und den tapfersten Haudegen der Grande Armee –, war tatsächlich die Butter ausgegangen. Genaugenommen ein unvorstellbares Nachschubdesaster allergrößten Ausmaßes. Denn die stabilisierende Bedeutung stimmungsfördernder Küche mit ihrer ungeheuren Wirkung auf die Moral der Truppe und besonders die ihres obersten Kriegsherrn im Land der Gaumenfetischisten gezielt betrachtend, könnte man ja vielleicht noch verstehen, daß die französischen Militärs das Schießpulver oder vielleicht sogar auch mal die Kanonen im Eifer des Gefechts in der Kaserne vergessen – aber die Butter!?

Aus dieser verbrieften Zwangslage heraus entstand also eine noch heute aufgetischte Hühnchenimprovisation, die in Ermangelung von Butter anders zubereitet wird, nämlich mit Olivenöl. Und diese Version mundete dem verwöhnten Napoleon so hervorragend, daß das Rezept daraufhin zu einem Standardgericht französischer Kochkunst avancierte und noch immer auf den Speisekarten der Restaurants fast sämtlicher Kategorien anzutreffen ist. Besonders häufig im Südwesten mit seiner Geflügelzucht.

Es ist schlichtweg unvorstellbar, daß es in Deutschland oder anderswo eine auch nur annähernde Parallele zu einer solchen Entstehungsgeschichte geben könnte. Zur Verdeutlichung hierzu ein Denkmodell: Sieg oder Niederlage auf den Düppeler Schanzen sozusagen in Verbindung mit einer Holsteiner-Schinken-Variation? Wirklich abwegig! Solch eine Verquickung von Kampf und Kochen wäre vielleicht gerade eben noch möglich im gaumenverwandten Italien. Schließlich war der Römer Lucullus der bekannteste Prasser der Historie und steht immer noch Pate für leibliche Genüsse. Immerhin drei Millionen Liter Wein sollen auf einem seiner Bacchanale geflossen sein!

Bisweilen gewinnt man den Eindruck, daß sich die beiden romanischen Nachbarn Frankreich und Italien in puncto Küche gegenseitig kaum das Grün in der Suppe gönnen und ständig am anderen herumzumäkeln haben. Lassen wir sie bei diesem fortwährenden Wettstreit, den wir durch nachdenklich-hinterhältiges Kopfwiegen angesichts des sich jeweils Präsentierenden ruhig in Schwung halten sollten. Kommen doch die Auswirkungen – nach dem Motto: Konkurrenz belebt die Küche – allein uns, den Genießern, zugute.

# Das Périgord kocht auf

## *Praxis*

Jede Küche hat ihre speziellen Tricks und Kniffe, ihre kleinen Geheimnisse und Eigenarten, aber auch ihre fest verankerten Grundsätze, die es zu beherzigen gilt, will man Originalität erreichen. Périgordinisch kochen Sie im allgemeinen erst einmal genau so, wie Sie es sonst auch gewohnt sind. Im großen und ganzen entsprechen die Zubereitungen allgemein der französischen Küche, in der viel im Backofen, also im sogenannten Bratrohr, zubereitet wird, die Saucen liebt und fein aufeinander abgestimmte Menüfolgen beachtet. Und wo man sich Zeit, viel Zeit zum genußvollen Speisen nimmt.

Allerdings gibt es im Périgord einige bestimmende Besonderheiten, die beachtet werden müssen und die die landestypischen Geschmacksnoten setzen. Zum Beispiel wird hier sehr viel auf der Basis von Enten- und Gänseschmalz zubereitet – besser: komponiert –, das durch die im Südwesten Frankreichs vorherrschende Geflügelzucht überreich vorhanden ist und schon deshalb universellen Eingang in die lokale Küche gefunden hat.

Das Périgord ist frankreichweit berühmt für seine Suppen, die hier jedes Menü einleiten. Sie sind in diesem Landstrich von so hohem Rang, daß man die Kochkunst der Dame des Hauses an ihren Suppen mißt: *»Bien faire la* *soupe«* ist deshalb hier nicht nur eine Einschätzung von Kochtugend und -kunst, sondern auch ein geflügeltes Wort für allgemeine Tüchtigkeit. Das Renommee der Périgordinerinnen geht bisweilen so weit, daß außer Landes auch schon mal scherzhaft behauptet wird, die Mädchen dort unten würden bestimmt mit einem Kochtopf in der Hand geboren.

Auch einfache Alltagskost der gutbürgerlichen Küche wird auf den nachfolgenden Seiten vermittelt. Manch einer, der Frankreich nur anhand seiner sterneverzierten Repräsentativküche kennt, ist spätestens dann verwundert, wenn er realisiert, daß die auf ein genau eingeteiltes Familienbudget angewiesene Hausfrau es sehr gut beherrscht, mit den Ausgaben für ihre täglichen, umfangreichen Zubereitungen – man ißt grundsätzlich ein Menü – recht sparsam umzugehen. Und dabei treibt sie zweifelsohne einen deutlich höheren Aufwand als ihre Nachbarinnen anderer Nationen. So werden bisweilen aus Resten nicht wiederzuerkennende Novitäten gezaubert. Sonderangebote sind zu nutzen und die Produkte der jeweiligen Saison auch aus Kostengründen genau zu beachten. Abgesehen davon, daß Franzosen es zwar sehr gut verstehen, großzügig zu leben und zu genießen, sind sie andererseits eben auch sparsame Menschen, die ihre Centimes ebensogut auch zusammenhalten können. Denn bei dem täglich erwarteten Aufwand kann die Mehrheit der französischen Hausfrauen es sich einfach nicht leisten, etwas »umkommen zu lassen«. Sie passen das Haushaltsbudget eben den Bedürfnissen an und schichten es schlicht und einfach gemäß den erforderlichen Prioritäten um.

Neben vielen anderen Spezialitäten ist das Périgord be-

* Eine gute Suppe kochen können. Sinngemäß: Sie weiß, wo's lang-
geht.

rühmt für sein Geflügel. Zu seinem Symboltier könnte die Gans erhoben werden, denn an Fleisch kommen überwiegend Ente, Huhn, Pute und eben Gans in allen möglichen Zubereitungsformen und Variationen auf den Teller – bis hin zur delikaten, getrüffelten und recht teuren Stopfleber. Wachteln, Perlhühner, Fasane, Tauben, Rebhühner – allerdings durch die übermäßige Bejagung heute recht selten und deshalb meistens aus Zuchten – ergänzen den Speisezettel. Nicht zu vergessen das hier in Wald und Flur von Jahr zu Jahr immer reichlicher vorkommende Wildbret von Wildschwein, Reh, Hase, Hirsch und natürlich Federwild. Die hier ehemals sehr zahlreichen Wildkaninchen sind durch die Myxomatose allerdings inzwischen arg dezimiert. In guten Pilzjahren liefern die weiten Forste tonnenweise Steinpilze, Pfifferlinge, Morcheln und andere Schwammerln. Sie sind bestimmende Beilage vieler Gerichte. Zahllose Zubereitungen – vom Salat bis zum Kuchen – werden mit Walnüssen, für die das Périgord ebenfalls berühmt ist, abgerundet. Aus dieser Edelnuß wird auch ein sehr wohlschmeckendes, allerdings nicht ganz billiges Speiseöl gepreßt.

Das Land bietet also den Gourmets so einige Spezialitäten, die entsprechend vorrangig in der Küche verarbeitet werden und bei der Herkunftsbezeichnung Périgord im Vergleich mit ähnlich gelagerten Produkten aus anderen Gegenden besonders gut abschneiden und daher auch bevorzugt werden. Hierzu gehören insbesondere die in den Wäldern massenhaft wachsenden Edelkastanien, die in alten Zeiten ein unverzichtbares Grundnahrungsmittel für die Landbevölkerung darstellten. Sogar Brot wurde in Notzeiten daraus gebacken. Als willkommene Beilage verleihen sie den Gerichten aus dem Périgord bis heute ihr Lokalkolorit.

# *Ihre Majestät, die Trüffel*

Mit ihrer unstreitigen Noblesse begehrt sie immer und überall vorangestellt zu werden. Ehrfurchtsvoll – auch ihr im Kaviarbereich angesiedelter Preis verdeutlicht es – wird die dunkle Périgord-Trüffel (Tuber melanosporum) als Schwarzer Diamant der Gourmets verehrt. Dieser heißbegehrte, leider sündhaft teure Würz- und Speisepilz wird im Winter, die weniger geachtete Tuber aestivum, die weiße Trüffel, im Sommer mühsam in den Laubwäldern des Périgord aufgespürt. Die Sommertrüffel kann ihrer noblen Winterschwester allerdings nicht die »Nase reichen«, was sich auch sehr deutlich im Preis ausdrückt, denn die Aestivum kostet nur Bruchteile der Wintertrüffel, etwa ein Fünfzehntel. Die eigentliche, die schwarze Périgord-Trüffel dominiert die Geschmackskompositionen vieler Rezepte und verleiht ihnen ein einzigartiges, nicht verwechselbares und unvergleichlich betörendes Aroma mit der Dauernote »hervorragend«. Wer einmal seiner Nase das Bukett frischer, reifer Trüffeln gegönnt hat, wird diesen beeindruckenden Duft so bald nicht wieder vergessen können. Es findet sich auch keine Parallele, um erklärend sagen zu können: »Sie riecht so ähnlich wie …«

Bekannt seit der Antike, war die Trüffel in alten Zeiten auch ein begehrtes Aphrodisiakum und soll der Legende nach sogar Napoleon I. beflügelt haben, mit seiner frisch angetrauten Marie-Louise den heißersehnten Thronfolger zu zeugen. Botanisch gehört die Trüffel zur Gattung der Schlauchpilze und lebt recht standorttreu in Symbiose unter anderem an den Wurzeln von Eiche *(le chêne)*, Stechpalme *(le chêne vert)*, Wacholder *(le genièvrier)* und Hasel *(le noisetier)*. Um diesen mysteriösen Pilz, der unsichtbar in der Erde verborgen vor sich hinreift, ranken sich zahlreiche wahre und erdichtete Geschichten. Es ist aber leider eine Tatsache, daß die Périgord-Trüffel von Jahr zu Jahr seltener wird und daher ständig im Preis steigt. Zwar hat man schon vor einiger Zeit begonnen, sie auch professionell anzubauen, aber bisher nur mit mäßigem Erfolg. Dem Gourmetadel angehörend, wahrt diese kapriziöse Primadonna nach wie vor ihre Eigenarten. Sie gebärdet sich eben entsprechend standesgemäß und läßt sich nicht dressieren und beliebig vermehren. Trotzdem geistern immer wieder Meldungen durch die Medien, daß nun doch der Durchbruch gelungen sei und der Feinschmecker bald auf sinkende Preise hoffen dürfe. Aber noch bleibt es beim freudig angekündigten »demnächst«, denn die Ernten sind eher mager. Und zu einem merkbaren Preisdurchbruch führen die kolportierten Anbauergebnisse schon gar nicht.

Die Zunft der Trüffelsucher wird selbst von den Einheimischen verhalten und mit ehrfürchtigem Respekt beäugt. Unter ihnen tummeln sich viele Eigenbrötler und Heimlichtuer, was die Aura des Geheimnisvollen noch erhöht. Sie alle haben ihre eigenen Suchmethoden und -kniffe. Die berühmteste Methode ist wohl die mit dem Trüffelschwein, übrigens immer eine Sau. Man bedient sich ihrer aber kaum noch. Sie scheint auch wohl mehr eine Touristenattraktion zu sein. Schon lange haben Hunde diesen Spürplatz eingenommen; schließlich sind sie leichter auf dem Rücksitz mitzunehmen als eine kapitale Sau, und der Sammelkonkurrenz fällt man so in Wald und Flur viel weniger auf. Hunde keiner speziellen Züchtung. Eher scheint es, daß sie um so erfolgreicher trüffeln, je undefinierbarer die Rasse. Gut ausgebildete Schnüffler kosten schnell mal einige zigtausend Francs, werden aber kaum aus der Hand gegeben, denn Herr und Spürhund bilden eine eng verzahnte Spüreinheit. Von November bis Ende Januar begeben sich beide gemeinsam auf die mühevolle Suche in die nun unbelaubten Wälder. Bergauf, bergab über Stock und Stein vom ersten Morgengrauen bis ins schwindende Licht. Ein Geschäft, das, mit Fleiß betrieben, ganz einträglich sein kann und sich sehr wohl in klingender Münze auszahlt.

Hat der Hund eine Trüffel erschnuppert, kratzt der *truffeur*, oder im hier heimischen Okzitanisch *lo cavaire*, in der soeben aufgefundenen *truffière*, dem eng umgrenzten Trüffelfundplatz, mit einer kleinen Hacke (*lo truffadou*, okz.) vorsichtig die Erde beiseite, wobei er vermeidet, das Pilzmyzel allzusehr zu beschädigen. Der erfolgreiche Hund wird zur Belohnung mit einem kleinen Leckerbissen abgespeist, und die unansehnliche, schwarzbraune, runzlige Knolle, die bis Kartoffelgröße heranwachsen kann, wandert mit ihrem wunderbaren Duft in den umgehängten Beutel. Anschließend wird der Fundplatz sorgfältigst wieder hergerichtet, genau so wie vorgefunden – möglichst auch noch getarnt, denn nicht alle Fruchtkörper reifen zur gleichen Zeit. In spätestens einer Woche ist man wieder da zum erneuten Nachsuchen. Zudem ist in der nächsten Saison mit großer Wahrscheinlichkeit hier wieder mit Trüffeln zu rechnen. Und die soll kein anderer finden. In vielen Wäldern ist das Suchen sogar ausdrücklich verboten. Etliche Grundeigentümer verpachten ihre Trüffeljagden an Profisammler, die dann ringsum Warnschilder aufstellen: *Defense de truffer.*[*] Doch durch diese untrüglichen Wegweiser ist die Verführung bisweilen so stark, daß man wiederholt »Freischützen« dingfest gemacht hat, die sich samt Hund und verräterischer Hacke des Nachts mit Taschenlampen

* Trüffelsammeln verboten

unter weiten, lichtabschirmenden Mänteln durch verbotenes Terrain schlichen.

Dort, wo Trüffeln reifen, wirken die bodenbedeckenden Pflanzen – besonders das Moos – immer etwas »verbrannt«. Die Erde erscheint ein wenig rissig. Also geht es mit scharfen, aufmerksamen Augen auch ohne Hund oder Schwein, nämlich *à la mouche* – mit Hilfe einer bestimmten, kaum zentimetergroßen Fliegenart als »Wegweiser«. Ein Leitinsekt, das sich über reifenden Trüffeln aufhält und im Winter bei geringem Insektenflug auch leichter zu entdecken ist. Es wird mit einem belaubten Stöckchen aufgescheucht. Solch einen Zweig liefert die immergrüne Stechpalme. Mit dieser simplen Methode fällt man überhaupt nicht auf. Aber *à la mouche* ist nicht ganz so effizient, denn die feinen Spürnasen der vierbeinigen Helfer erschnüffeln mit ihrem sensiblen Geruchssinn auch die tiefer im Erdreich wachsenden Exemplare. Zudem ist das Abstreichen des Bodens recht zeitraubend und läßt den *truffeur* nur langsam vorankommen.

Das Insekt ähnelt fatal einer Schmeißfliege, was immer wieder dazu führt, daß Unbeherrschte in ihrer Gier auch schon mal in im Wald verlegte »Gleitminen« grapschen. Solchen Fehlgriff gesteht zwar niemand ein, aber ich habe meinen *truffeur*, Marius, auch schon mal in die Sch… fassen sehen – und wurde beschämt zur Verschwiegenheit vergattert. Da der Gute nun nicht mehr unter uns weilt, hoffe ich, daß ich von der Schweigepflicht entbunden bin. Sonst mag er im Trüffelhimmel mit mir zürnen. Es ist immer eine amüsante Trüffelanmerkung.

Zu Hause angekommen, werden die Trüffeln bis zum Weiterverkauf in einer Kiste mit Erde zwischengelagert. In die dann vom Trüffelduft geschwängerte Krume steckt man nun frische Eier, die durch ihre porösen Schalen hindurch schon in kurzer Zeit so vollkommen vom intensiven Trüffelaroma getränkt sind, daß man aus ihnen eine phantastische *omelette aux truffes* bereiten kann – ganz ohne Trüffeln. Klingt unglaubwürdig, ist aber wahr und eine viel geübte, sehr preiswerte Praxis der Einheimischen. In Ermangelung besagter Lagerkisten sind wir allerdings gezwungen, in unser Omelett eine richtige Trüffel hineinzuraspeln:

### Omelette aux truffes

2 Eier pro Person, 5–10 g Trüffeln pro Ei,
1 Eßlöffel Gänseschmalz, 1 Teelöffel Crème fraîche,
Salz und Pfeffer.

Die Eier mit der Crème fraîche verquirlen, pfeffern und mit der grob geraspelten Trüffel am Vorabend zum Durchziehen in den Kühlschrank stellen. Eine Pfanne mit dem Gänseschmalz erhitzen, bis es dampft. Die Eier ein wenig schaumig schlagen, salzen, in die Pfanne geben und braten. Zum Schluß das festgewordene Omelett einmal falten und vor dem Servieren zusätzlich mit einigen dünnen Scheiben Trüffeln dekorieren. Die Zubereitung dauert insgesamt höchstens zehn Minuten.

Eines der wohl teuersten Rezepte überhaupt dürfen wir keinesfalls auslassen. Gewissermaßen eine Delikatesse aus dem obersten Regal, eine für Krösus und Anhang. Und das bei einfachster Zubereitungsart. Aber das Material ist eben kostbar wie ein Kleinod. Es handelt sich um den Luxus der

500 g Trüffeln (im Stück 50–60 g), 200 g Speckstreifen,
60 g Gänseschmalz, 3 cl Zwetschgenwasser, 60 g Butter,
Salz, Pfeffer.

Die peinlichst gesäuberten Trüffeln salzen, dann mit dem
Zwetschgenwasser beträufeln und mit einer feinen Scheibe
Speck ummanteln. Alles wird in gefettetes Backpapier und
dann in Aluminiumfolie eingeschlagen. Man gart die Trüf-
feln ca. 40–50 Minuten in heißer Asche. Serviert mit frischer
Butter – ein kaum noch zu überbietender Hochgenuß!

Einen Hinweis gilt es noch nachzutragen: Die Aufschrift
*truffé*, also getrüffelt, auf Nahrungsmitteln verlangt per Ge-
setz, daß drei Prozent der Speise Trüffeln sein müssen.
Recht viel Vergnügen beim Nachprüfen.
Um gelungene Speisen und Backwaren und andere Zubereitungen aus dem Backofen zu fördern, ist – wie üblich –
strikt auf die Einhaltung der vorgegebenen Temperaturen
und besonders ihre Konstanz zu achten:

niedrig: 100°–150° C
mittel: 150°–200° C
hoch: 200°–220° C
heiß: 220°–250° C

Wenn nicht anders vermerkt, sind die in den Rezepten
vorgegebenen Mengen für 4–5 Personen berechnet.
Beim Mehl verstehen sich die Angaben immer für durchgesiebtes Mehl.
2 cl entsprechen der Menge eines Eßlöffels/EL.
Das in Frankreich übliche Bund Suppengrün setzt sich wie

folgt zusammen. 1 Karotte, 1 Stange Porree, 1 Zwiebel, 2–3 Rübchen *(navets)* sowie 1 kleines Gewürzsträußchen, bestehend aus je 1 Zweig (am besten) frischem, sonst getrocknetem Thymian, Salbei, Petersilie und 1 Lorbeerblatt.

Fleisch oder Fisch der jeweiligen Rezepte können Sie natürlich auch durch ähnlich schmeckende ersetzen. Überhaupt gilt es, den Sie aus jeder Zwangsjacke befreienden Grundsatz, beim Kochen nicht nur stur das Rezept zu beachten, sondern auch der Phantasie Raum zu gewähren, in allen Kochlagen zu beherzigen. Lassen Sie Ihrer plötzlichen Eingebung doch ruhig einmal freien Lauf und ergänzen oder ersetzen Sie das eine oder andere Ihren Eingebungen folgend – denn Kunst und Korsett waren immer schon Antipoden.

Doch nun legen Sie munter los. Erfreuen Sie sich an den vielen Geschichten, die immer in ein gehaltvolles Tafeln einmünden. Trainieren Sie ganz nach Lust und Laune und Ihrer Wahl. Am besten vielleicht erst mit den einfacheren Gerichten, und steigern Sie sich dann *peu à peu* bis hin zum heimischen *chef-cuisinier*. Und noch ein Tip, ein sehr wichtiger: Auch die hervorragendste, aufs i-Tüpfelchen gebrachte Kochperfektion mit einer subtil erarbeiteten Menüabfolge braucht zum Genuß ihrer Resultate in erster Linie ein freudiges Umfeld. Besonders nette, individuelle, mit vielen eigenen Ideen angereicherte Tischdekorationen erfreuen und stimmen alle ein. Wagen Sie doch ruhig einmal etwas. Bei Gesprächen und Gedankenaustausch, pendelnd zwischen Clownerie und ernster Sachinformation, gewinnt jede Speise zusätzlich an Geschmack und die Runde an Flair. In einer überschäumenden Stimmung, die nur Gäste und Gastgeber mit offenen Herzen kreieren können, gelingt einfach alles. Rechthaberei und Durchsetzungsstreben werden diesmal sofort an der Garderobe abgegeben.

Und am besten beim Verabschieden dann dort für immer vergessen. (Wohl ein Wunschtraum. Aber warum soll man nicht auch mal träumen?!) So wird jede Tafel zu einem unvergeßlichen Erlebnis, von dem noch nach Jahren nicht nur die Speisen, sondern auch die Menschen und das Ambiente in lebhafter Erinnerung geblieben sind.

# Périgord – landauf, landab

## *Cazalou-Sanssouci*

Kochen kann nur, wer über eine Feuerstelle verfügt. Und den wirklichen Einstieg in eine Landschaft mit dauerhaftem Kontakt zu ihren Bewohnern zu finden ist nur dem vergönnt, der sich in ihr ansiedelt. Zumindest zeitweise – aber dann auch intensiv. Ja, und noch eines: Um mittendrin zu leben und dabei hinter die Kulissen zu blicken, muß man der Landessprache mächtig sein.

Sich ein kleines Refugium zum Rückzug zu schaffen, ein Ferienhaus, das der Familie schnell ans Herz wächst, das einem hin und wieder den zeitweisen Ausstieg aus dem Alltag ermöglicht. Eines, an dessen Mauern alle Unruhe, Hektik und Sorgen wie von selbst abprallen. So recht zugeschnitten zum Ausspannen und zum Aufladen der Batterien, die leider zusehends schneller leerbrennen. Solch ein angedocktes Erleben birgt reichhaltige und freudige Abwechslungen im Kaleidoskop périgordinischer Facetten, gewährt Einblick in das dortige Leben. Bei der Reputation dieses Landstrichs steht dabei zweifelsohne die berühmte Küche im Vordergrund. Sie ist gewissermaßen ein Muß, an dem niemand vorbeikommt – dies sicher auch gar nicht will.

Ob der Alte Fritz sein herrliches Schloß in Potsdam nun Sanssouci, »ohne Sorge«, nannte, weil er dort keinen Kummer einziehen lassen oder ob er von dort aus mit seinem Machtanspruch das gesamte Leben sorgenfreier gestalten wollte, wurde niemals hinterfragt. Nun sind wir normalen Erdenbürger ja keine Staatenlenker und sollten auch nur anstreben, einzig und allein uns selbst zu beeinflussen. Jedoch ganz in Anlehnung an das griffige, englische *My home is my castle* fühlten wir uns wie kleine Könige auf unserem viel bescheideneren Bonsai-Dornröschenschloß, eingebettet in die liebliche, fluß- und waldreiche Landschaft des Périgord, genauer in sein Zentrum, ins *Périgord noir*. Doch in einem ähneln sich beide Herbergen. Cazalou soll ebenso wie das hochherrschaftliche Sanssouci ein sorgenfreies Plätzchen sein – der inneren Einkehr, dem Sichsammeln und Krafttanken ganz nah an der Natur dienen.

Nach all den freudigen bis lästigen Anstrengungen und einmal ganz abgesehen von den finanziellen Eskapaden mit dem immer wieder erforderlichen Zwang, an anderen Etatposten einer damals ja gerade erst im finanziellen Aufbau, aber glücklicherweise auch in erfreulich lebhaftem Aufwind befindlichen Jungehe abzwacken zu müssen, für den Luxus, ganz alleine über einen nur sporadisch bewohnten Zweitsitz nach Lust und Laune verfügen zu können, war unser Ziel, ein uriges Bauernhaus im südlich-warmen Périgord unser eigen zu nennen, ganz unverhofft Wirklichkeit geworden. Die anstrengende Wegstrecke bis dahin war eigentlich immer spannungsgeladen, bisweilen auch steinig und haarnadelkurvenreich. Aber auch getragen von fortwährend freudiger Erregung, Erwartung und nie erlahmender Zuversicht. Alles hatte uns viel Engagement, Hingabe und vor allem Geduld und nochmals Geduld abgefordert. Auch wenn die Eile angeblich Luzifers Plaisir ist, so scheint mir Geduld bisweilen ein ebenso selbstzerstörerisches Teufelswerk zu sein. Zusammengenommen eine herrliche, genauer herrische Übung, Hast und Ungeduld zu zähmen. Talent zur Muße allerdings habe ich immer noch keines, da bedarf es wohl nach wie vor vieler Übung. Unser zweites Zuhause war dann auch wirklich so gelungen, wie wir es uns in unseren kühnsten Vorstellungen erträumt hatten. Hier ganz besonders kann man Mensch sein. Zurückgezogen auf dem Lande und trotzdem mittendrin im Leben.

Nach vielen Wechselbädern stand *Cazalou* also einladend, stämmig und erdverwachsen vor uns als ein aufrecht-stolzes, jahrhundertealtes Bauwerk – würdig im alten Stil rund-erneuert, unter etlichen Mühen geschlüpft und wie aus dem Ei gepellt. Flügge für eine verheißungsvolle Zukunft in voller Pracht mitten im Grünen. Abgeschieden in einem sanft ansteigenden Talgrund, umgeben von dichten, tief-grünen Laubwäldern. Wiedererblüht, die alte Bautradition bewahrend, gemütlich eingerichtet – und die Küche, so wie es sich im Périgord gehört, als Tummelplatz mit Priorität. Also mit allem Erforderlichen und so recht zum Wohlfühlen und ausgiebigen Ferienmachen.

Mit all seinen Reizen wie geschaffen zum Schreiben für den über sich selbst immer wieder am meisten erstaunten Ver-fasser, dessen Zeilen so erfreulichen Anklang finden. Es verwundert mich stets, wenn ich die Tausende Bücher in einer Buchhandlung stehen und der Käufer harren sehe. Und da, unter dieser erdrückenden Übermacht, finden meine Bücher ihre Leser! Aber es gibt eben Seelenverwand-te, die sich in vielen kleinen Erlebnissen am Rande des Lebensweges anderer wiedererkennen, die das Périgord interessiert, die Einblick in eine der bezauberndsten Land-schaften und ihre Küche gewinnen wollen. Gestrickt aus den Ansichten, den Impressionen, der Mentalität und den persönlichen Erlebnissen eines begeisterten Zugvogels aus norddeutschen Landen.

## Zwei Heimaten

Zwei Heimaten – gibt's denn so etwas überhaupt, ist Heimat nicht eigentlich einzig und völlig unteilbar? – zugetan zu sein ist ein fortwährend, schwächer oder stärker schwingendes Pendel zwischen Heimweh und Fernweh und zwischen Fernweh und Heimweh. Heimat ist ein Etwas, das genaugenommen nur der zu würdigen und zu genießen weiß, der sich schon einmal – zum Beispiel aus Fernweh – von ihr getrennt und für längere Zeit in der Fremde gelebt hat. Und den durch dieses Vermissen ach so vertrauter Menschen und Umgebung und das zeitweise Kappen seiner Wurzeln dann alsbald ein eigenartiges, anfangs undefinierbares Gefühl bedrückt, das man dann Heimweh nennt. Ein Zustand, der auch schon die Tapfersten gepackt hat. So recht erklärlich ist es trotzdem nicht, denn auch in der Fremde können wir unser Glück machen, Freunde gewinnen und ein Zuhause finden. Heimweh jedoch bleibt ein unerklärlich bohrender Schmerz auf der Seele, der den Betroffenen so lange nicht mehr losläßt, bis er endlich nachgibt und heimkehrt. Manchmal erst nach Jahren. Und wieder daheim, kocht Muttern ihm dann sein deftiges Lieblingsgericht.

Doch das vorher unruhigmachende Fernweh, das ihn ja anfangs genervt und hinausgetrieben hatte, ist genau das gleiche, unbeherrschbare Urempfinden, nur mit umgekehrtem Vorzeichen. Also kein Gegensatz an sich, sondern eher eine ständige Folge, ein Ineinandergreifen beider, das in einen nie endenden Kreislauf, eine Art *cercle vicieux*, zumindest in eine ständige Wechselbeziehung einmünden kann. Beides vielleicht unterbewußte Fernwirkungen unserer nomadischen Ursprünge. Der unzähmbare Urlaubsdrang, in die Ferne zu schweifen, scheint wohl der letzte, unbewußte Trieb des einstmaligen Urzwanges zur Wanderschaft zu sein. Nehmen wir doch immer wieder mit fast masochistischer Freude eigentlich vermeidbaren Streß und Risiken auf uns, um angeblich und weit weg Erholung zu finden – wohl eben von diesen unnötigen Strapazen.

Den wackeren Jack London zog es einst in die nördliche Wildnis Alaskas, und die einsamkeitsuchenden Einhandsegler ruft die nicht enden wollende Weite der Ozeane. Beide verbindet ihr nur zeitweise zu stillendes Fernweh, die Sehnsucht, das Ungewisse hinter dem Horizont zu schauen, einzutauchen in die unberührte Wildnis oder auf das wogende Meer hinauszusegeln. So etwas zu wagen läßt Abenteuerlustige niemals wieder los, treibt sie stets aufs neue hinaus. Oft schon gleich zu Beginn mit wehem Blick zurück auf das entschwindende Zuhause. Und kaum verabschiedet, ausgelaufen und die heimatliche Küste hinter der Kimm versunken – stellt sich bei so manch einem dann flugs bedrückendes Heimweh ein. Aber das Ziel und die Ankunft in der Ferne vor dem geistigen Auge, will man sich nicht gleich unterkriegen lassen. Man wird dann schon wieder in die Heimat zurückfinden. Doch kaum sehnsuchtsvoll heimgekehrt von gefahrvoller Reise oder stürmischem Törn und gemütlich daheim im Sessel zurückgelehnt, packt diese Spezies im Nu schon wieder der Drang, ans Ende des Horizonts vorzustoßen. Ruhelose Geister. Keiner gibt das natürlich gerne zu. Viele spannende Reiseerzählungen aber offenbaren zwischen den Zeilen dieses Wechselbad der Gefühle, bestehend aus ständig an- und abschwellendem Fernund Heimweh. Und beide sind, obwohl doch so gegensätzlich, zugleich aufs engste miteinander verquickte, widerstreitende Seelenpartner. Untrennbar und so entgegengesetzt, wie sie andererseits unterschiedlicher und zugleich doch übereinstimmender gar nicht möglich sind. Beide zur gleichen Zeit zu stillen ist ein nie auszugleichendes Spannungsfeld, kurzum, ein unlösbarer gordischer Knoten. Wobei der große Alexander mit seinem fulminanten Schwertstreich schon lange nicht mehr helfend eingreifen kann. Seine gewaltige Legende erfüllte sich; unsere, dagegen sehr bescheidene, nun auch – mit ständigem Hin und Her.

Also unterliegen wir mit Herkunft Hamburg und nun zusätzlichem Sitz im Périgord ebenfalls diesem Widerstreit des Kommens und Gehens. Gefühle, denen wir uns verweigern wollen und die wir zugleich begrüßen. Ein sich drehender Magnet, dessen Pole sich fortwährend anziehen und abstoßen – sich aber wohl nie gegeneinander aufheben lassen werden, mit ihrer Rotation jedoch irgendwie auch Energie erzeugen, denn keiner dieser beiden Antipoden ist auch nur im Ansatz bereit, dem jeweils anderen einen Fingerbreit seines Terrains zu überlassen. Jeder besteht voll auf seiner Anziehungskraft. Allerdings sind wir etwas hausbackener als unsere berühmten und verwegenen Abenteurer. Wir beschränken uns schön brav auf die greifbaren, behaglichen Kulturlande und können schnell mal in das jeweilige Nachhause überwechseln. Uns genügt unser heimeliges Périgord als Sehnsuchts- und Rückzugsgebiet vollauf. Da weiß man, was man hat – und Hamburg ist auch immer wieder schnell erreicht. Was nicht heißen soll, daß uns Alaska nicht auch reizen würde. Das Meer allerdings in seiner baumlosen Einsamkeit, so ganz ohne Balken – und ohne Wald mit Pilzen –, tief und unergründbar und voller Gefahren – aber dann doch nicht.

Der Lockruf, uns immer wieder zugvogelgleich aufzumachen in den warmen und sonnigen Südwesten Frankreichs, ist jedenfalls unüberhörbar. Nur allzugern geben wir ihm nach – sobald wir können – und lassen uns weglocken. Genaugenommen nur ständig wiederholte Rückkehr vollziehend: mal hierhin, mal dorthin. In uns glimmt nun geteilte Heimat. Kaum in Hamburg eingetroffen, möchten wir am liebsten nur das Notwendigste auspacken und uns nach einigen Tagen schnellstens wieder in die südlichen Gefilde zurückbegeben. Und sind wir zu lange auf dem gemächlichen Lande im Périgord, meldet sich prompt der Wunsch nach Abwechslung, nach etwas aufregenderem Großstadtflair mit seinem Geschiebe und Getriebe, seinem Schwung und Angebot.

Aufseufzend muß man sich eingestehen, daß ein Feriensitz nicht nur erworben wird, sondern dann auch zu unterhalten ist. Das bedeutet Arbeit, viel Arbeit, um die Mittel dafür in die Scheuern zu sammeln – und geht unweigerlich zu Lasten der Zeit. Gerade die aber will man doch reichlich erübrigen, um das Zweitdomizil ausgiebig genießen zu können. Aber man hat sie leider spärlich. Und schon beißt sich die Katze in den berühmten Schwanz.

So wird das nun wohl immer bleiben – ein Hin- und Hergerissensein zwischen zwei liebgewonnenen Welten, die eine jede für uns ihre schöpferische, antreibende Lebensqualität bereithält. Das sollte man wissen, damit muß man leben, wenn man sich ein immerhin eintausendfünfhundert Kilometer entferntes, zweites Zuhause schafft. Es ist, wie auf zwei kräftigen Beinen stehen und gleichzeitig eines eingezogen zu haben. Lästig dabei ist nur, nie zu wissen, welches im Moment gerade das Hauptstandbein ist.

Endlich waren wir also eingekehrt und würden hier von Zeit zu Zeit Wurzeln schlagen, im Périgord, dessen Landschaften sich von Tal zu Tal in ganz kurzen Rhythmen ändern, immer wieder neue, weite Ausblicke ins Land gewährend, so daß man aus dem Staunen kaum herauskommt. Trotz hochsommerlicher Temperaturen, wie sie im Südwesten Frankreichs in der heißen Jahreszeit manchmal brütend wie eine Hitzeglocke über dem Land hängen, bleiben hier die Felder, Wälder und Flure auch während des Hochsommers herzhaft grün. Kaum ein munter dahinplätschernder Bach versiegt, und irgendwelche Blüten, und seien sie noch so unscheinbar, entfalten ihre Pracht und spenden ihren Duft. Je heißer allerdings die Jahresmitte, um so zurückhaltender. Nur die Pilze in den tiefen Wäldern – und das beklagen die pilzversessenen Périgordiner am meisten – halten sich nach einer länger andauernden Dürreperiode dann im Herbst leider auffallend stark zurück. Mürrische Gesichter der dem Urtrieb des Sammelns frönenden Menschen sind die Folge. Und Geschichten, so eine Art Pilzlatein, machen die Runde: Da und dort – natürlich möglichst weit entfernt – habe man doch erkleckliche Mengen Steinpilze gefunden. Die Ortsbeschreibungen sind jedoch viel zu ungenau, um sich dorthin aufzumachen und fündig zu werden.

## Am Ufer der Dordogne

Unbegradigte, naturbelassene und pappelgesäumte Flüsse mit klaren Fluten laden zum Baden und zum Fischen ein. Speisefische aus sauberen Flüssen kündigen sich an. Wenn die Dordogne im Sommer auch weniger Wasser führt und träger dahinfließt, so sollte man sich ihr dennoch nur als geübter Schwimmer anvertrauen. Strudelverursachende Gumpen und kurze, teils reißende Fließrinnen, sich abwechselnd mit unvermutet seichten Flußabschnitten, die es gestatten, im Sommer an einigen Stellen am Oberlauf von Ufer zu Ufer zu waten, dürfen den Nichtschwimmer keinesfalls leichtsinnig werden lassen. Die Dordogne zwischen Lalinde und stromaufwärts bis Souillac ist zwar in dieser Jahreszeit so schmal, daß ein geübter Werfer mit einiger

Mühe einen Stein auf das andere Ufer befördern kann. Aber die Stromschnellen in dem nun streckenweise flachen Gewässer haben es trotzdem in sich. Hinüberzuschwimmen heißt von der teils reißenden Strömung weit abgetrieben zu werden. Wer kleine Kinder hüten muß, sollte sich dort möglichst nicht in die Freiwasser begeben. Viele Kommunen haben an den Ufern Badeanstalten mit abgeteilten Nichtschwimmerstränden eingerichtet. Manche sind sogar mit ausgebildeten Rettungsschwimmern besetzt.

Es ist sehr ernst zu nehmen, wenn uns die Mediziner immer wieder eindringlich davor warnen, mit vollem Bauch, womöglich noch verschwitzt und voller Leichtsinn ins kühle Wasser zu hechten. Auch die, die sich mit bärenstarker Konstitution gesegnet fühlen, sollten lieber Vorsicht walten lassen. Und da die Küche des Périgord zum ausgiebigen Tafeln verführt und das Sommerklima recht einheizen kann, ist hier besondere Zurückhaltung geboten. Der plötzliche Kaltwasserschock hat schon so manchen, der sich selbst überschätzte, urplötzlich in Lebensgefahr gebracht. Sollte man sich nach dem Essen dennoch in die Fluten stürzen wollen, sind die Speisen so zusammenzustellen, daß der Kreislauf nicht noch Extratouren fahren muß. Also besser mit Zurückhaltung und Augenmaß gespeist und in jedem Fall erst einmal in Ruhe und ausgedehnt verdauen. Alkohol des Mittags in der Hitze sollte sowieso nur sehr gedrosselt genossen werden. Den Wein zu verdünnen ist in allen südlichen Ländern üblich und nicht die Ausnahme. Wein gilt hier vornehmlich als Nahrungsmittel und dient nicht dazu, sich die Nase zu begießen. (Ja, doch auch.) Sollten wir die genannten Regeln übertreten oder uns im Eifer des Schlemmens verhaspelt haben, verzichten wir ganz einfach auf die ursprünglich beabsichtigte Schwimmrunde. Morgen früh, auf nüchternen Magen, wenn wir es schaffen, doch mal so zeitig aus den Federn zu krabbeln, können wir immer noch mit kräftigen Armen die Fluten teilen. Im Moment jedenfalls sind erst einmal die durch ein besonderes Rezept veredelten Fische der Dordogne zu würdigen, schließlich haben wir nachmittags beim Schwimmen, Sonnenbaden und Herumtollen einen bohrenden, herrlichen Appetit entwickelt.

Ausgehungert vom Baden ein ausgedehntes Abendessen am Ufer der friedlichen Dordogne zu genießen, soeben angelandeten, frischen Flußfisch direkt aus den Netzen auf den Tisch – das ist keinesfalls zu verachten.

Natürlich ist Frankreich mit seiner ausgedehnten Küste entlang zweier sehr unterschiedlicher Meere wegen seiner Seefische berühmt und hochgeschätzt. Connaisseure wissen aber auch, daß die vielen unregulierten Flüsse und Bäche Süßwasserfische und Flußkrebse bieten, wie man sie sonst in Europa suchen muß. Hier in der Dordogne bereichern sie seit eh und je den Speisezettel der Einheimischen. Wenn die Flußfischerei auch nicht mehr recht lohnt, so wehklagen die verbliebenen Fischer dennoch nicht, daß ihnen zu wenig in die Netze und Reusen auf diesem in seinem Unterlauf bereits gemächlich dahinfließenden Strom geht.

An allen Wochentagen sieht man geduldige Angler ausharren – Julien nennt sie immer: *»Nos amis de la grande illusion.«* Sie sitzen an auf Barben, Hechte, die gesamte Palette der Weißfische, Aale, Karpfen, Schleie, Forellen und Meerforellen. Vor kurzer Zeit wurde sogar wieder ein stattlicher Lachs in der Nähe von Mouleydier gefischt. Das aus dem Meer zum Laichen in die Flüsse aufsteigende Meerneunauge, die in Deutschland kaum bekannte Lamprete – ein Name allerdings, den wohl nur studierte Zoologen kennen –, gilt im Südwesten als besondere Delikatesse. Sie ist Hauptbestandteil eines regionalen Spezialgerichtes, das es nur hier vor Ort gibt und *lamproie à la bordelaise* heißt. Sobald der Name Bordeaux oder die Anmerkung *à la bordelaise* bei einer Speise auftaucht, bedeutet das natürlich eine Zubereitung, in der Rotwein als Saucenbasis den Geschmack dominiert. Reben, die im Westen des Departements Dordogne und auf den sich anschließenden Böden der Gironde auf Tausenden Hektar von Horizont zu Horizont in bester Qualität gedeihen und das Renommee der hier gekelterten Gewächse in höchste Sphären gehoben haben.

Ein leicht angesäuselter Chefkoch dort verriet uns einst hinter vorgehaltener Hand, daß er den besten Saucenpfiff mit gekipptem Rotspon komponiere, was uns doch sehr skeptisch stimmte. Da wir nicht wußten, ob das ernst gemeint oder mehr aus Alkohol geborene Phantasie war, haben wir seine Empfehlung vorsichtig mit einer im Keller völlig vergessenen und deshalb umgeschlagenen Flasche Beaujolais Primeur ausprobiert. Tatsächlich, es hat funktioniert. Man lege sich aber trotzdem besser einige Zurückhaltung auf; wir geben diesen Kochkniff zwar gern weiter, aber doch unter erheblichem Vorbehalt.

Die Patronne unseres kleinen Restaurants, gelegen in einem winzigen Weiler direkt unter dem kreidigen Hochufer des Flusses unweit Bergerac, hat unter der schon satt rebentragenden Weinpergola bereits für uns sechs Hungrige gedeckt. Wein und Wasser stehen wie üblich gleich bei Beginn auf dem Tisch. Der Aperitif des Hauses – wir können davon trinken, so viel es uns beliebt, aber gerade dann gibt man sich eher bescheiden – ist ein landestypisches Getränk, angesetzt auf Basis eines leicht bekömmlichen *Bergerac rouge*, verschnitten mit Tresterschnaps und gewürzt mit Walnußblättern, Lindenblüten und schwarzem Tee. So tranken ihn schon die Großeltern. Der kräftige Trunk feuert verhalten die Magennerven an – wohl bekomm's:

*Apéritif à l'ancien*

2 Flaschen *Bergerac rouge*, 1 Flasche Tresterschnaps
*(eau-de-vie de vin)*, 1 kg Zucker, 70 Walnußblätter,
10 g Lindenblüten, 1 Teelöffel schwarzer Tee.

Die Walnußblätter sollten zwischen Mitte Mai bis Mitte
August gepflückt werden. Nicht später. Gut zerrupfen. Den
Zucker auflösen und alles gut vermischen. 3–4 Wochen im
Keller ziehen lassen. Nicht ins Sonnenlicht stellen. Filtern
und ausschenken. Prost oder *à votre santé!*

Der Menüabfolge des Périgord entsprechend, kam erst einmal die obligate Suppe auf den Tisch. Wir vertieften uns so
richtig in eine leckere, heimische Kürbissuppe:

*Soupe à la citrouille*

2 l Wasser, 500 g Kürbis, 200 g Kartoffeln,
300 g zarte, grüne Bohnen, 200 g Tomaten,
100 g Zwiebeln, 2 Knoblauchzehen,
1 EL Gänseschmalz, 2 EL gehackter Schnittlauch,
1 Sträußchen gebündelte Kräutermischung:
Petersilie, Thymian, Majoran,
Bohnenkraut und Lorbeer,
1 kleiner Bund Schnittlauch,
Pfeffer und Salz.

Die Zwiebeln in kleine Würfel schneiden und im Gänsefett
goldgelb anbraten. Dann die geviertelten Tomaten, den
zerdrückten Knoblauch und das Kräutersträußchen dazugeben. Mit dem Wasser aufgießen und 10 Minuten kochen

lassen. Anschließend die in kleine Stücke geschnittenen Bohnen und Kartoffeln zusammen mit dem in 1 cm große Würfel gestückelten Kürbis dazugeben. Nach Geschmack salzen, einmal kurz aufkochen und anschließend bei schwacher Hitze 1 Stunde kochen lassen. Vor dem Servieren dünne Weißbrotscheiben als Boden in eine angewärmte Suppenschüssel schneiden, darauf den Schnittlauch streuen und die heiße Suppe darübergeben. Vor dem Servieren gut 5 Minuten ziehen lassen.

Obwohl sie ausgezeichnet schmeckt und man kaum aufzuhören vermag, dürfen wir keinesfalls zu viel davon essen, denn noch etliche leckere Gänge beanspruchen Platz. Nur das Vorgericht ließ uns unsere Wirtin bestimmen, auch wenn es nach ihrer Meinung nicht sonderlich gut zum Kommenden, zum Hauptgang, zur *plat de résistanc*, passen würde. Aber da sie uns immer noch nichts verraten wollte, mußte sie eben weiter mitspielen. Nicht einmal durch geschickte Fangfragen ließ sie sich beirren. Zum Beispiel, welchen Wein wir denn zum Hauptgang wählen müßten oder so. Sie antwortete nur einfach: »*Ne vous cassez pas la tête. Je le changerais, s'il ne va pas avec.*«[*] Sprach's und ließ uns bedeppert sitzen. Vorerst wurde heiß und dampfend eine duftende *friture de la Dordogne*, wie man hier sagt, serviert. Kleine, kaum zeigefingergroße, knusprig-kroß fritierte Flußfischchen, gesalzen und gepfeffert, so zum Knabbern mit Kopf, Schwanz und Schuppen. Man fängt diese wohlschmeckenden Winzlinge in großen, quadratischen Senknetzen, deren weitausladende Gestelle häufig an den Ufern zu sehen sind. Zum Einstippen und Verfeinern des Ge-

---

* »Zerbrecht euch nicht den Kopf. Ich werde ihn schon ändern, wenn er nicht dazu paßt.«

schmacks servierte Madame uns dazu eine raffiniert ge-
würzte

## Mayonnaise maison

2 Eigelb, 100–200 g Walnuß- oder Olivenöl, kaltgepreßt,
1 EL Dijonsenf, 1 Knoblauchzehe, Salz und Pfeffer,
evtl. Chilipfeffer, Saft von ½ Zitrone,
1 TL Rosenpaprika.

Eigelb schlagen und vorsichtig das Öl so lange unter ständigem Rühren dazuträufeln, bis die Masse abbindet und steif
wird. Dann bei ständigem Rühren weiter Öl dazugeben, bis
die gewünschte Menge Mayonnaise erreicht ist. Würzen mit
Dijonsenf und der in einer Knoblauchpresse zerdrückten
Knoblauchzehe. Salz und Pfeffer nach Geschmack, Zitronensaft zum Abschmecken dazu und dann den Rosenpaprika, der allem nicht nur eine schöne Färbung, sondern auch
einen besonderen Geschmack verleiht. Liebt man es pikan-
ter, ist je nach Anspruch mit Chilipfeffer nachzuwürzen.

## Friture de la Dordogne

750 g fangfrische Kleinfische, Öl zum Fritieren, Mehl,
Kräuter der Provence, Salz und Pfeffer.

Man rechnet pro Person ca. 150 Gramm kleine, nicht größer
als fingerlange Fischlein, die nicht ausgenommen werden.
Nur kurz waschen und gut abtropfen lassen, sonst spritzt das
heiße Öl zu sehr. Am besten zusätzlich mit Küchenkrepp
trockentupfen. Dann in gesalzenem Mehl panieren. Unter
das Mehl mischt man pro 100 g zwei Messerspitzen Kräuter

der Provence, getrocknet oder – sofern man hat – noch besser frisch. 2–3 Minuten in siedendes Öl, am besten in eine Friteuse geben, bis die Fischlein eine goldgelbe Färbung bekommen. So kroß und heiß, wie sie sind, sofort servieren. Gegessen werden diese knusprigen Fingerlinge mit den Händen. Je nach Geschmack in die vorgenannte Mayonnaise einstippen. Ein unterhaltsames Horsd'œuvre, nicht nur ausgezeichnet schmeckend, sondern zugleich auch eine ungewöhnliche und spaßige Art des Verzehrs.

Die Wirtin hatte uns also bereits am Telefon angekündigt, daß sie heute etwas ganz Besonderes auftischen würde. Nichts, was auf der Speisekarte stünde. Das könnten wir ja jeden Tag bekommen. Nein, etwas ganz Ausgefallenes. Sie verriet jedoch nichts weiter, tat sehr geheimnisvoll und spielte gekonnt die Spannung hoch. Aber Zeit müßten wir mitbringen. Eingangs nannte sie den Hauptgang nur ganz einfach ihr *plat de surprise*, also ihr Überraschungsgericht, und darunter kann man sich eigentlich so ziemlich alles vorstellen. Die Gute war nicht zu erweichen, uns auch nur anzudeuten, was sie denn so Besonderes für uns zubereiten würde. Nur daß wir eben Geduld haben und uns auf etwas sehr Spezielles einstellen müßten. Diese Bemerkung war an sich schon ungewöhnlich, wie so vieles an dieser selbstbewußten, energischen Frau, die schwungvoll überall zupackt und mit nur einer einzigen, immer etwas schusseligen, aber sehr bemühten Küchenhilfe ihren Laden schmeißt. Zeit zum Dinieren mitzubringen ist vielleicht in Deutschland ein wichtiger Hinweis. Hier im Südwesten Frankreichs stößt eine solche Aufforderung gemeinhin auf völliges Unverständnis. Denn wer keine Zeit – und damit ist in diesen Breiten immer etwas Ausgedehntes gemeint – fürs Speisen erübrigt, der hat entweder überhaupt ein gestörtes Verhältnis zum Leben oder ist vielleicht einer dieser bedauernswerten Menschen, die meinen, Zeit sei Geld. Nach südlichem Verständnis hieße das nämlich: viel Zeit = viel Geld und verkehrt sich viel logischer ins Gegenteil: wenig Zeit = wenig Geld. Denn eines ist wohl sonnenklar, wie unsere gute Schnapsdrossel Marius der *truffeur* unaufhörlich doziert: »*Mon cher* Detlev, ich sag's dir doch immer wieder. Wer früher stirbt – und die, die hetzen, tun das meist –, ist länger tot. Und wer will das schon. Wo doch niemand weiß, ob es im Paradies auch wirklich Wein gibt. Die Kirche soll ja früher beim Abendmahl ihren Schäflein auch Wein gereicht haben. Gibt's aber schon lange nicht mehr. Trinken die Pfaffen jetzt sicher alles selbst. Und stell dir doch bloß vor, die alten Hebräer – das hat uns unser Lehrer in der Schule erzählt, und der *curé* hat es beim Katechismusunterricht auch noch bestätigt – haben sogar Wein aus Wasser gemacht!« Hier schüttelt sich Marius aufs heftigste. »Vorsicht, Vorsicht, kann ich nur sagen. Da trau' ich dem Himmel nicht und genieße meinen *pinard* in vollen Zügen lieber hier unten auf Erden. Da weiß ich, was ich habe – bei jedem Schluck. Nein, *mon pote*, lieber keine so waghalsigen Experimente mit dem zweiten Blut.« Ja, ja, im Wein liegt eben nicht nur Wahrheit, sondern auch Vorsicht und Vorsehung.

Es ist ein beruhigendes Gefühl, sich ganz der kulinarischen Führung unserer rührigen Köchin zu überlassen. Große Speisekarten verfaßt sie sowieso nie, und wenn, dann sind die auch nur für Durchreisende, nicht für Stammgäste wie unsereins. Sie kommt, quirlig und stämmig und ein wenig pummelig, wie sie ist, in ihrer strahlendweißen Schürze und ihrem ewigen Kugelschreiber hinterm Ohr, an den Tisch. Raucht auch schon mal dabei – doch nur außerhalb der Küche –, ihre gelbe *papier maïs*-Zigarette lässig in den Mundwinkel geklemmt, empfiehlt, erläutert, stimmt alles bis ins kleinste Detail mit ihren Gästen ab und nimmt die Bestellung gleich mit in ihr geheimnisvolles Reich.

Als Périgordgeborene pflegt Marie-Françoise beste Kontakte mit sämtlichen Fischern der Umgebung und bekommt von ihnen immer hervorragende Fische geliefert. Heute – irgendwann mußte sie die Katze aus dem Sack lassen – sind es die aalartigen Meerneunaugen, die wir uns nach Suppe und Friture auf der schattigen, sonnengesprenkelten Uferterrasse munden lassen. Dazu das leise, einlullende Plätschern des nie ruhenden Flusses, die flußabwärts im spätnachmittäglichen Sonnenlicht vorbeitreibenden Kanus der Freizeitpaddler. Hin und wieder schnell abtreibende Wellenringe der nach Insekten schnappenden und aufklatschend springenden Fische oder das gurgelnde Wasserstrudeln jagender Barsche oder Hechte. Und ganz nahe, kaum scheu und immer wieder aufgeregt mit dem Kopf nickend, an der niedrigen Uferböschung der kleinen Bucht rechts von uns, stürzt sich wie ein glitzernder Juwel immer wieder ein winziger Eisvogel todesmutig in die Fluten. Der Kleine ist ein erstaunlich geschickter Stoßtaucher, nach fast jedem Sturzflug hat er ein Fischlein erbeutet. Mit wetzenden Schnabelhieben rechts und links gegen seinen Ansitzast tötet er den Fang und fliegt dann damit zu seinen Jungen in der Bruthöhle am Steilufer gegenüber. Auch Eisvogelküken sind unersättlich.

Alles, was im Périgord gedeiht, strömt, so behaupten hier alle steif und fest, ein intensiveres Aroma aus als anderswo. Das soll mit an der guten Erde und dem gedeihlichen Klima liegen. Da die Tomaten ihres mit Hingabe gepflegten Gemüsegartens so richtig vollreif eigentlich mehr den italienischen Namen *pommo d'oro* verdienen – was ja wörtlich Goldapfel heißt –, serviert uns Madame nun als leichtes

Zwischengericht *(entremet)* schmackhaft-saftige *tomates farcies*, deren Rezept sie uns gern verrät.

## Tomates farcies

5 große Fleischtomaten, 250 g Mett,
1 Stück *confit*, 1 Handvoll altbackenes Brot,
1 Knoblauchzehe, 2 Eier, Milch,
Petersilie, Walnuß- oder anderes Speiseöl,
Salz und Pfeffer.

Aus dem Mett, dem in Milch aufgeweichten Brot, den beiden Eiern, dem gepreßten Knoblauch, der Petersilie und dem ebenfalls zerkleinerten *confit* eine Füllung bereiten. Die Tomaten aushöhlen, innen salzen, pfeffern, leicht einölen und auf ein gefettetes Backblech setzen. Die Füllung in die Tomaten geben und diese mit etwas Öl überträufeln. Dann das Blech in den Backofen schieben (Mittelschiene) und bei mäßiger Hitze ca. 30–40 Minuten garen. Zwischendurch immer wieder mit dem austretenden Saft übergießen. Sobald die Füllung eine leichte Färbung annimmt, den Tomatendeckel drauf, noch einmal kurz erhitzen und servieren.

Nun aber der spannendste Gang, unter dem wir uns wenig vorzustellen vermochten, außer daß es ein fast exotisches Fischgericht des französischen Südwestens ist, bereitet aus diesem gewundenen Flossentier namens Meerneunauge. Aus dem Atlantik in großer Zahl in die Flüsse des Südwestens aufsteigend, steht diese uralte Fischspezies in Norddeutschland wegen der dortigen Gewässerverschmutzung inzwischen auf der Roten Liste. Von *lamproie à la bordelaise* hatten wir ja schon oft gehört, jedoch bisher noch nie das Glück gehabt, davon auch kosten zu dürfen.

### Lamproie (oder auch *anguille*/Aal) *à la bordelaise*

1 kg Meerneunaugen, 2 Flaschen Bordeaux,
1 Gewürzsträußchen, 2 gehäufte EL Mehl,
2 große Zwiebeln, 2 Knoblauchzehen, 2 Schalotten,
250 g Butter, 150 g durchwachsener Speck,
Salz, Pfeffer.

Die gehäuteten Meerneunaugen in fingerlange Stücke schneiden, salzen und pfeffern und eine halbe Stunde vor Beginn in einem großen Bräter 5 Minuten im Rotwein bei schwacher Hitze ziehen lassen, herausnehmen und warm stellen. Jetzt in den Rotwein die kleingehackten Zwiebeln, Schalotten, Knoblauch, Speck und das Gewürzsträußchen geben. So lange erhitzen und reduzieren, bis die Flüssigkeit zur Hälfte eingekocht ist. Inzwischen das Mehl und 125 g Butter auflösen und unter langsamem Rühren in den Weinsud geben. Alles zusammen 3 Minuten lang aufkochen und dann durchsieben. Jetzt die warmgehaltenen Fischstückchen in diesem Fond bei ganz schwacher Hitze ¼ Stunde lang garen lassen. Dann den Fisch herausnehmen und auf einer vorgewärmten Platte anrichten. Die restliche Butter in die Sauce schlagen, abschmecken und über die Meerneunaugen gießen.
Wenn man nun keine Meerneunaugen zur Hand hat, schmeckt – wie bereits oben vermerkt – die gleiche Zubereitungsart auch sehr gut mit Aal.

Ganz lokalpatriotisch eingestellt, trinken wir dazu einen trockenen Bergerac aus den Weinbergen, die sich zum Greifen nahe rings um uns dahinziehen.

Ein in der Menüabfolge gekonnt zusammengestelltes Mahl wird nie Völlegefühl hervorrufen und ist das eigentliche Geheimnis perfekter Speiseplanung. Wohlig satt zu sein, sich treiben und die Gedanken schweifen zu lassen, faul und träge nach dem Essen sein zu dürfen ist nicht nur ein Vergnügen schlechthin, sondern eine Wohltat – eine himmlische Beschäftigung. Und so geben wir uns endlosem Geplauder hin, heiter und ernst, oberflächlich und tiefschürfend, kommen vom Hundertsten ins Tausendste, reißen Witze – die Männer machen auch mal abgeschmackte Bemerkungen, was ihnen umgehend den Verweis der Damen einträgt – und sind fröhlich und entspannt. So richtig mit uns und der Welt zufrieden. Ganz wie es Sinn und Trachten einer genußreichen, ausgedehnten Tafelei sein soll.

Bis der langsam einsetzenden Dämmerung das Dunkel der Nacht folgt und wir die nächste, reizende Überraschung dargeboten bekommen. Die wohlgestaltete Tochter des Hauses, ein sehr hübsches und adrettes Mädchen mit kastanienbraunen Augen und der dunklen, vollen Haarpracht der Aquitanierinnen, kommt anmutig und stolz lächelnd als kleiner Feuerspringer daher. Auf ihren Händen balanciert Natalie geschickt ein großes, silbernes Tablett mit einem brotlaibartigen, lichterloh brennenden Dessert: eine von Eischnee ummantelte Eisbombe. Samt der zu Schaum geschlagenen Eiweißhülle im Ofen überbacken und durch die Hitze mit einem Anflug von Braun versehen, dann alles mit Hochprozentigem übergossen und ein Streichholz drangehalten. Die bläulich bis weiß züngelnden Flammen des brennenden Schnapses geben allem etwas Unwirkliches, Entrücktes, so daß man gar nicht wagt, in dieses Kunstwerk hineinzuschneiden. Brennendes Eis – wenn man bedenkt, daß etwas so Widersinniges tatsächlich funktioniert! Doch es geht, denn die isolierende Eischneeschicht schützt das Eis beim kurzen Überbacken im Ofen. Aber auch die schönste Speiseidee und -dekoration ist nun einmal für den Verzehr bestimmt, wird schnell zum Trümmerhaufen und geht den Weg alles Vergänglichen.

Mutter und Tochter nannten ihr Dessert eine *omelette norvégienne*. Warum auch nicht, für viele Südländer stranden an den Küsten von Nord- und Ostsee doch die Eisberge. Und wenn wir bisweilen verkünden, daß die Menschen in den sommerlichen Fluten unserer Nordmeere mit großem Vergnügen auch baden, erfaßt alle um uns herum jedesmal ein heftiges Erschauern und – wir sind ja Freunde und man will uns nicht weh tun – wir werden bestenfalls als nette Flunkerer abgetan.

### Omelette norvégienne

1–2 l Eis *(bûches)*, Biskuitboden, Eiweiß von 10 Eiern, 5 cl hochprozentiger Schnaps.

Da uns Eiszubereitung nun doch ein wenig zu aufwendig ist, haben wir uns eine längliche 1-Liter-Eisbombe gekauft. Man nennt sie in Frankreich eine *bûche*, die gleiche Bezeichnung wie für ein Holzscheit. Die unglaublich vielen Geschmacksvarianten sind zwar verführerisch, aber wir wollen kein so vorstechendes Aroma, deshalb wählen wir ein Fürst Pückler oder ein Vanilleeis. Auch ein Eis mit einem Hauch Rumaroma kann auf den Tisch kommen. Die ungeteilte *bûche* auf den hitzeisolierenden Biskuitboden legen und mit einer zwei- bis dreifingerdicken Schicht sehr steif geschlagenem

Eiweiß ummanteln. Dann für 2–3 Minuten in den auf 250° vorgeheizten Backofen. Am besten dabei stehen bleiben und beobachten, wie die äußere Schicht einen goldbraunen Anflug bekommt; besonders wenn man den Eischneemantel ein bißchen unregelmäßig modelliert hat, bräunen die herausstechenden Grate und Zacken zuerst, so daß sie das ganze Kunstwerk lebhafter wirken lassen. Da das geschlagene Eiweiß perfekt isoliert, schmilzt das Eis innen bei dieser kurzen Hitzewelle noch nicht. Anschließend Schnaps (mindestens 55%) von oben darüberträufeln, rundum einen Schnapsring angießen und kurz vor dem Servieren anzünden. Das Ah und Oh und der Applaus Ihrer Gäste ist Ihnen gewiß. Wer mag, kann auch noch mit einigen Wunderkerzen dekorieren.

Ein *cabecou*, der hier weitverbreitete, kleine Ziegenkäse, schließt den Magen. Manch einer würzt ihn mit einem Tropfen Walnuß- oder Olivenöl. Doch hier – wissend, daß dieser cremige Frischkäse die Leib- und Magenspeise meiner Frau ist – serviert uns Marie-Françoise jedesmal auch frischen Ziegenquark mit dazu.

Der Kaffee kommt in den eigentümlichen, kleinen Siebkannen auf den Tisch – jeder erhält seine eigene Portionskanne. Eine Zubereitungsform, die wohl aus Italien stammt und früher gang und gäbe war, sich aber jetzt nur noch selten findet. Es ist amüsant, den Kaffeesatz durch das kochendheiße Wasser der kleinen Glaskanne hinuntersinken zu sehen und dann den frischgebrühten, recht kräftig gerösteten Sud zu schlürfen. Noch mit einem hochprozentigen *eau-de-vie* gestreckt, man nennt ihn hier volkstümlich auch *le gnoule*, zur Beruhigung der Magennerven und als verdauungsanregender Digestif nachgespült. Was will man eigentlich noch mehr im Leben? In lauschiger Sommernacht, am

Ufer der hier schon breiten, behäbig zum Meer hineilenden Dordogne, in deren Fluten sich der inzwischen aufgegangene Mond als ruhige, silberne Bahn widerspiegelt. Und wie um allem die Krone aufzusetzen, flötet ganz nahe im Gebüsch eine Nachtigall ihr Begleitlied dazu.

Immer wieder ist es gerade die Gemeinsamkeit des Erlebens beim fröhlichen Speisen und Zechen mit guten Freunden und einem bis zur Neige auszukostenden Ambiente, das uns auch noch nach Jahren an diese schönen Stunden mit Sehnsucht – und wohl auch ein bißchen Wehmut – zurückdenken läßt. Dieser war ein solcher Abend.

Aber jedes noch so stimmungsvoll empfundene Essen geht irgendwann einmal zu Ende, und in jedem Restaurant ist der wirtschaftliche Dreh- und Angelpunkt nun einmal die Kasse. Sie soll immer gut gefüllt sein, denn wir wollen auch morgen und übermorgen und überübermorgen wieder etwas mit Liebe und auch profaner Gewinnaussicht Zubereitetes serviert bekommen. Wie in einfachen Restaurants in Frankreich oft zu erleben, kommt die Patronne auch hier mit ihrem Rechenstift an den Tisch und addiert direkt auf einer Ecke der Papiertischdecke Position um Position zusammen. »Habe ich etwas vergessen? Alle Kaffees, alle Digestifs aufgeschrieben? Aber nein doch, *chers amis*, Aperitife, Wein, Brot und Quellwasser sind bei mir wie immer inklusive. Und dir, liebe Üth«, sie weigert sich standhaft, den Namen Ute deutsch auszusprechen, »habe ich hier das Rezept für meine *lamproie* aufgeschrieben. Aber bitte genau beachten, auch wenn du sagst, Aal würdest du so ähnlich zubereiten.« Strich drunter und zusammengezählt – *l'addition* heißt das deshalb sinnigerweise auch offiziell. »*Voila.* Ich sehe euren zufriedenen Mienen an, daß es euch wieder mal gut bei mir geschmeckt hat. Das ist mein eigentlicher Lohn. Doch jeder muß leben – und diese Francs bekomme ich nun von euch.« Man wird es sich wohl doch nicht mehr abgewöhnen: Wir bekommen den Preis in *anciens francs*, in alten Francs, genannt. Eine Währung, die zwar schon seit über dreißig Jahren außer Kurs ist, aber alle Welt in Frankreich, auch die jungen Leute, rechnen immer noch in diesen, um zwei Dezimalstellen erweiterten Werten. Ein heutiger Franc entspricht dann einhundert alten, zehn neue sind gleich tausend, und unser Essen mit allem Drum und Dran, mit Getränken und Schnäpsen kostet somit mal eben etwas über einhunderttausend Francs. Und wie zur Tarnung – offiziell gibt es den »alten Franc« ja gar nicht, und er darf auch nicht auf Preisschildern ausgezeichnet sein – spricht man dann gemeinhin, in oppositioneller Gegenströmung, von *centimes*, also der Pfenniggröße des Franc, was ja dann wiederum den Gesamtnullen entspricht. Ein geschickter, fast dialektisch anmutender Kunstgriff, in der Umgangssprache die Bürokraten zu unterlaufen, und ein typisch französischer Schlenker. Ein stiller Protest? Welch stolze Summe, aber eben doch nur – zwei Nullen wieder abgestrichen – mit allen Getränken zusammen schlappe eintausend neue Francs für sechs Personen. Das wirklich günstige Preis-Leistungsverhältnis hier erstaunt uns immer wieder aufs neue.

»*Au revoir et bonne route, chers amis*[*], und hoffentlich bis bald. Das nächstemal koche ich euch etwas noch Raffinierteres. Ich habe da schon so eine Idee.« »O ja, wunderbar! Und was wird das sein, *chère Madame?*« »Na, *Monsieur*, das verrate ich doch jetzt noch nicht!« Mit Speck fängt man Mäuse. Und mit Neugier auch.

---

[*] »Auf Wiedersehen, liebe Freunde, und gute Fahrt!«

# Tafeln wie Gott
# in Frankreich

## *Ausstrahlung*

Das ganz am Anfang dieses Buches stehende Geleitwort – »Wenn Gott in Frankreich lebt, dann hat er seinen Hauptwohnsitz wohl im Périgord« – scheint sehr lokalpatriotisch angehaucht. Es ist ganz gewiß so – meint der Einheimische. Aber auch der Beobachter glaubt, es muß wohl wahr sein. Zumal in Frankreich solche Zuordnungen vordringlich immer kulinarisch zu verstehen sind. Und da ist das Périgord gewiß vorneweg und ziemlich konkurrenzlos.

Fragt man einen Franzosen – möglichst aber einen ungebundenen, dessen Region nicht so küchenberühmt ist –, so wird er diese Einschätzung sicher gern mittragen, zumindest dulden. Auf eine nationale Umfrage hin antworteten 44% aller Franzosen, daß man im Périgord am besten speise – soweit man Statistiken glauben darf. Churchill sei mit folgender Steigerung zitiert: Lüge, Meineid, Statistik! Hinzuzufügen wäre noch, daß die äußerst moderaten Menüpreise auch für das Portemonnaie bekömmlich sind.

Immer wieder, wenn wir mit Franzosen sprechen und sie erfahren, daß wir im Périgord zugvogelgleich zu Hause sind, rufen sie entzückt aus: »*Ah, Monsieur, quelle chance énorme* *pour vous de pouvoir goûter du foie gras, des confits, des truffes et des cèpes! Avez vous déja fait le chabrol?«* [*]

Und dann folgen unter genußvollem Verdrehen der Augen und mit untermalendem Lippenbefeuchten noch einige eigene, anschaulich und ausführlich beschriebene Küchentips und -erfahrungen. Es dauert dann immer geraume Zeit, bis alle Feinschmecker – und wer ist das in Frankreich nicht? – mit spürbarem Widerwillen zum eigentlichen, trockeneren Thema zurückfinden. Doch hinfort läßt sich nicht mehr vermeiden, daß vorübergehend immer mal wieder die Gedanken zu diesen Genüssen abschweifen und die Konzentration merklich nachläßt. Besonders dann, wenn das unausweichliche Arbeitspensum die genußsüchtigen Gedanken usurpiert.

Die Küche des Périgord gibt sich ohne viele Schnörkel und das meist vermeidbare Drumherum. Sie steht der *nouvelle cuisine,* die ja in erster Linie auf Frischeprodukte und schnelle Kochweise mit ihrem gängigen Kurzbraten ausgerichtet ist, gewissermaßen entgegen, so daß Meister Bocuse, der zwar auch die Spezialitäten dieses Landstrichs schätzt, trotzdem immer ein wenig die Nase rümpft, denn zu den von ihm propagierten Zubereitungsformen paßt die Périgordküche eigentlich weniger.

Schmackhafte, wohldurchdachte Küche – sie muß ja nicht unbedingt kompliziert in der Zubereitung sein, wie immer wieder behauptet wird – kommt nun nicht nur aus Frankreich, wird aber von diesem Land besonders gepflegt und immer wieder entscheidend mitgeprägt und beeinflußt, wenn nicht sogar führend bestimmt. Die letzte Welle, die sogenannte *nouvelle cuisine,* schlägt zwar nicht mehr alle so

---

[*] »Welch enormes Glück für Sie, Gänseleber, Confit, Trüffeln und Steinpilze zu kosten. Haben Sie schon Chabrol mitgemacht?«

sehr in Bann, ist aber immer noch – sozusagen ganz wörtlich – in aller Munde. Eines nicht allzufernen Tages wird
wieder ein neuer geschäftstüchtiger Bocuse aufstehen und
die Gerichteküche mit anderen Ideen innovativ auf Trab
bringen. Erste Silberstreifen einer Renaissance gutbürgerli-
cher, bodenständiger Küche, natürlich immer ein wenig
aufgepeppt, sind bereits am Horizont auszumachen. Dann
aber schlägt dem Périgord eine noch größere Stunde! Noch
hat sich auch kaum herumgesprochen, daß diese nach land-
läufiger Meinung recht schwere Küche trotz allem leicht
bekömmlich ist. Als schlagender Beweis dafür kann ange-
führt werden, daß im Südwesten Frankreichs im landeswei-
ten Vergleich die geringste Infarktquote zu verzeichnen ist.
Das soll auch mit an dem in Maßen genossenen Rotwein
liegen.
Überall in der Welt richten sich berühmte Meisterköche in
erster Linie am französischen Koch-Esprit aus. Gepflegtes
Tafeln, allround betrachtet, ist in diesem Land – auch im
Alltag – die fundamentale Basis zwischenmenschlichen Bei-
sammenseins. Für diesen Lebensbereich wenden Franzosen
aller Gesellschafts- und Einkommensschichten ein Großteil
ihrer Familienbudgets auf – gleichsam ein Muß im sozialen
Leben. Etatposten werden dafür verbraten, die erheblich
größere Löcher in den Haushalt reißen als in denen ihrer
sämtlichen Nachbareuropäer. Lieber spart man an der Kleidung oder auch an der Einrichtung, was jeder aufmerksam
Hinschauende im Land der Mode und des Stils auf den
zweiten Blick einigermaßen verwundert feststellen kann.
Das Eßzimmer ist die zentrale Arena der Wohnung und
nicht die anderen Räume, wie zum Beispiel der Salon,
schlichter das Wohnzimmer, dem man neufranzösisch lieber gleich den englischen Namen *living* verpaßt hat. So
spricht man vom *chambre à coucher*, also vom Schlaf*zimmer,*

welches doch angeblich die Hochburg der so galanten Franzosen sein soll. Das Eßzimmer jedoch als Mittelpunkt des Lebens heißt – recht augenfällig – *salle à manger*, also Eß*saal!* Allein dieser Hinweis auf eine größere Dimension zeigt schon mehr als deutlich die eigentliche, vielleicht sogar unbewußte, fast rituelle Rangordnung der Lebensbereiche an. Wobei wir allerdings das Schlafzimmer hier nicht unterprivilegieren wollen. Wenn auch Frankreich bekanntermaßen bis vor nicht allzu langer Zeit ein demographisches Altersproblem hatte, was sich eigentlich so gar nicht mit seinem Ruf als Heimat Amors verträgt.

Viele französische Küchen- und Essensbegriffe finden sich im Deutschen wieder. Worte wie Sauce (zum Ende der wilhelminischen Ära wollte man es durch das schauerliche Wort Tunke ersetzen), Prise, Dose, Aperitif, Menü, Dessert, Püree, Bonbon, Praliné, Konfitüre, Nougat, Salat, Likör, Gratinieren, Tranchieren, Fritieren, Passieren, Karamelisieren und so weiter und so weiter sind täglicher Sprachgebrauch bei uns und anderswo. Der aktuellste Import ist die neue Volksspeise *pommes (de terre) frites* – im Ursprung allerdings belgisch. Da die eingedeutschten Fritten mit viel Werbeaufwand zum *hamburger* nun im Fastfood-Markt fest verankert sind, sind sie bereits ein stehender Begriff. Während die Franzosen – fast einer Einbahnstraße gleich – nur den guten deutschen Kloß als einsamen *kloes* in ihre Sprache aufgenommen haben. Und *choucroûte* (Sauerkraut) haben sie sich von den Rechtsrheinischen, genauer eigentlich von den Elsässern, abgeschaut und verzehren davon weitaus größere Mengen als die international zu *krauts* abgestempelten Deutschen. Berühmt für ihr *choucroûte alsacienne*, immer eine gewaltige Platte als sogenannter *plat complet*, eine Speise ohne Vorgericht, sind die großen Brasserien an den *Grands Boulevards* in Paris.

Essen im Alltagsbereich versteht sich in Frankreich in erster Linie als zweimalige Entspannungszeit. Unter abgehetzten Großstädtern ist das Mittagessen im Arbeitsumfeld zum Teil leider auch schon zur Pflichtübung verkommen. Nicht jedoch auf dem Lande, wo jeder, der es ermöglichen kann, für zwei Stunden die Arbeit ruhen läßt und sich zum Essen, zum mittäglichen *déjeuner*, nach Hause begibt. Da der Arbeitstag meist acht Stunden hat, ackert man von acht bis zwölf und von zwei bis sechs Uhr. Und von dieser Tageseinteilung will niemand abrücken. Warum auch! Später dann, in der abendlich familiären Sphäre, bleibt das *dîner* immer noch das Feierabendvergnügen *par excellence* zum genußreichen Ausklang des Tages. Diese peinlich genau beachteten Traditionen sind frankreichweit immer und überall die gleichen. Man mag und will von ihnen nicht lassen und hat Schwierigkeiten, wenn man im Ausland auf diese liebgewonnenen Abläufe verzichten muß. So versammelt sich die Familie um den Tisch, genießt gemeinsam, plaudert dabei über dies und das, über Belangloses bis Wichtiges, läßt den Tag noch einmal Revue passieren und bespricht beim Essen auch schon mal locker das Menü des nächsten Tages, diskutiert die empfehlenswertesten Bezugsquellen und erörtert eingehend Zubereitung, Gewürze, mögliche Geschmacksvariationen.

Leider läuft bei vielen heute – so wie auch bei uns – die unvermeidliche Flimmerkiste als Gesprächstöter mit.

Auch wenn der Ausländer die Menükarte nicht gleich begreift – und das ist bei den vielen Phantasienamen nur allzu normal –, die Anzahl der Gänge kann man ihr dennoch entnehmen: einfach nur durchzählen, aber auf das *ou* in der Mitte achten, denn das heißt: oder. Das Schwierigste beim Studium der verwirrenden Speisekarte ist, überhaupt zu verstehen, welche Geheimnisse sich hinter den eigentümlichen Speisebezeichnungen verbergen könnten. Die kreativen Benennungen der Gerichte, die regional sehr unterschiedlichen Bezeichnungen und landsmannschaftlichen Idiome für ein und dieselbe Speise und vielfach die verschiedenen *à la*-Sowieso kann man gar nicht alle kennen. Manchmal so abwegig gewählt, teils hochgestylt, daß selbst gourmetversierte Franzosen um Erläuterung bitten müssen. Also habe man keine Scheu, sich aufklären zu lassen. Wer kann auch mit hungrigem Magen, der dem Gehirn so allmählich das Blut entzogen hat, noch komplizierte Überlegungen, gar Sprachkombinationen anstellen? Die Kellner geben gern und bereitwillig Auskunft. Auch ihre Tips und Empfehlungen, zu welchem Gericht heute besonders zu raten sei, sind zu beachten.

Wenn jemand eine spezielle Zubereitung für sich wünscht, so kann er die im Restaurant dem *maître d'hôtel* – dieser nimmt die Bestellung auf, während die *garçons* servieren – ohne Bedenken nennen. Am geläufigsten ist wohl die zu bestimmende Garstufe des gebratenen Fleisches, die – wenn nicht vom Gast bereits bestimmt – beim Bestellen immer nachgefragt wird: *bien cuit* / gut durchgebraten, *à point* / medium oder *saignant* / nur kurz angebraten – fast blutig, nicht jedermanns Sache. Da das französische Nationalgericht wundersamerweise das recht simple *steak frites* ist, bekommt man überall gute Steaks auf den Teller. Nur sehr selten trifft man mal auf zähes Fleisch, das dann aber meist anstandslos und ohne unwillige Randbemerkungen zurückgenommen wird.

## Genuß ohne Reue

Auf Papier gedruckte, abstrakte Schilderungen hoher Kochkunst der französischen Küche mit ihren wohlschmeckenden Resultaten sind in ihrer Wirkung wohl dem distanzier-
ten Erlebnis platonischer Liebe vergleichbar. Also muß man
zur Tat schreiten. Zumal wenn die bildhafte Beschreibung
eines geschilderten Gaumengenusses so anregend ist, daß
einem der Magen zu knurren beginnt. Wenn schon beim
Kochen in der Phantasie die Speisen auf der Zunge zerge-
hen, bevor man sich endlich zum Essen niederlassen darf
und man jetzt einen unvermeidbaren inneren Zweikampf
mit sich selbst ausficht und, nach leiblichen Genüssen lech-
zend, nun das Buch aus der Hand legt, um das plötzliche
Loch im Magen zu stopfen. Durch die Wirkung der Worte
nervös gewordene Kühlschrankgucker bekennen zwar auf
ihre Art und Weise Appetit und Ungeduld, aber das reicht
bei weitem nicht aus – ähnlich höchstens Trockenschwim-
men. Jetzt spätestens bewirkt die plastische und anschau-
liche Schilderung sich im Gehirn abspulende Phantasie-
gebilde vortrefflichster Düfte und angenehmsten Wohlge-
schmacks und zwingt den solchermaßen Beeinflußten aus
dem Sessel. Konsequent mag alles dazu führen, unbedingt
nun das auch auszuprobieren, was da an Genüssen in an-
schauliche, aber eben nur in Worte gekleidet ist. Entweder
als Auslöser zu einem entsprechenden Restaurantbesuch
oder auch daheim in eigener Regie mit Engagement und
Finesse zubereitet.
Ist es aber nicht so, daß besonders die Wohlbeleibten unter
uns über ein herausragend ausgebildetes Vorstellungsver-
mögen verfügen? Gerade sie können kraft ihrer außergewöhnlichen Phantasie und Einbildungskraft eben noch viel

schwieriger den Verlockungen leiblicher Genüsse widerstehen. Muß das aber ein Unglück sein? Als Genußmenschen bieten sie schon im Geiste und noch weit vor jedem tatsächlichen Zulangen alle ihre Sinne auf. Verständnisvolle Ehefrauen wie die meine sagen dann schon mal: »Ach, mein Lieber, wenn ich dich so anschaue … nein, du bist nicht eigentlich dick.« (Bin ich auch nicht!) »Du bist aber ganz sicher ein wenig barock!« Das ist irgendwie richtig nett – und sitzt trotzdem.

Gute Küche ist also eine Lebensqualität – von der heutzutage ja so viel gefaselt wird. Und solange die lieben Ehefrauen, also ganz besonders diejenigen von guten Essern, so hervorragend kochen – weil Liebe bekanntermaßen ja durch den Magen geht – und damit ihre Männer ständig herausfordern und natürlich auch herausfüttern, genaugenommen aufs schändlichste verführen, nicht begreifen wollen, daß ein Mann niemals dick ist, sondern allenfalls nur mehr oder weniger barock, werden die unterschwelligen bis offenen Leibesspannungen wohl kaum je zu beheben sein. »Wasch mir den Pelz, aber mach mich nicht naß!« geht nun mal nicht. Und Typen, die schon ansetzen, wenn sie nur das Fettgedruckte lesen, müssen dieses Päckchen ihr Leben lang mit sich schleppen. Begeisterte Esser aber sind dann arm dran, wenn sie meinen, sie müßten gleichzeitig auch drahtig wie asketische Langstreckenläufer aussehen; Feuer und Wasser zu vermählen ist noch niemandem gelungen.

Schlank und rank auszusehen ist Trumpf unserer Gesellschaft, und nur in der Landwirtschaft werden Tiere, die nicht schnell genug ansetzen, ohne viel Federlesens notgeschlachtet. Der Mensch hingegen wird seine, dem in einem Jahrhunderttausende andauernden Ausleseprozeß unter Mühen erworbenen, eigentlich so wertvollen Füllgene weitervererben. In den Urzeiten der Menschwerdung, als Hungern noch Dauerzustand war, gehörten die solchermaßen Veranlagten mit ihren aussichtsreicheren Überlebenschancen jedenfalls zu den Privilegierten. In unserer Überflußgesellschaft heutzutage leider ein allzu schwacher Trost und bedauerlicherweise überhaupt kein Argument mehr. Denn erst in unseren gesundheitsfanatischen Zeiten – man war noch nie so wohlauf und zugleich so auf Krankheiten fixiert –, wo plötzlich alles am Essen liegen soll, Cholesterin, Kohlehydrate, Kalorien und Vollwertkost die alles beherrschenden Modewörter und Gewichtstabellen zur Lebensrichtschnur wurden, ist Schlanksein bis zur Dünnfädigkeit für viele zum absoluten Fetisch erhoben. Das einstmals so hochgeschätzte Rubenssche Schönheitsideal aber wurde geächtet. In nicht enden wollendem Widerstreit reibt sich ein für viele unerreichbares Idealgewicht zwischen Genuß ohne Reue und athletischer Traumfigur wie ein Popanz gesellschaftlichen Ansehens auf. Gemeint sind hier nicht etwa Völlerei und Exzesse, die natürlich immer bedenklich bis bedrohlich sind. Der altbekannte Adonis jedenfalls muß ein kläglicher Esser oder wohl erfolgreicher Hungerkünstler gewesen sein, ganz sicher auch kein Vorfahre von Paul Bocuse oder irgendeines anderen Großen dieser Zunft und ihrer Epigonen.

Zwei vehement widerstreitende und doch zugleich bestens verträgliche, weil eben ergänzende Wirtschaftszweige haben mobil gemacht und profitieren aufs vortrefflichste von dieser Entwicklung: eine Industrie, die Nahrungsmittel in einer Variationsbreite anpreist, wie nie zuvor dagewesen, aber zugleich einebnend flankiert von zahlreichen Abspeckempfehlungen, -mitteln, -kliniken und -institutionen, ja selbst -clubs, die mit zum sichersten und ertragreichsten Broterwerb ihrer Protagonisten wurden. Sinn und Widersinn

einträchtig vereint als lukrative Profitcenters des gewichts-
mäßigen Auf und Ab. Vermutlich die gleichen Kapitaleig-
ner, die damit, so scheint es, den Stein des Weisen in der
Wirtschaft für sich entdeckt hätten. Denn besser kann man
Kapital intern wohl kaum zirkulieren lassen, man braucht
es nun niemals mehr aus der Hand zu geben: Anfuttern –
Abhungern – Auffüllen – Abspecken. Die einen empfinden
das als Teufelskreis – die Profitierenden zählen lieber die
Dividenden – und geben dann ihrerseits einen Teil ihrer
Finanzernte für die nächste Hungerkur aus. Eine lustige,
verkorkste Welt.

Sinnenfrohes Essen ist wie jeder Genuß ein rasch flüchtiges
Vergnügen, das es im wahrsten Sinne des Wortes bis zur
Neige auszukosten gilt. Aber einerseits glücklicherweise mit
langanhaltender Erinnerung, andererseits auch mit verblei-
bender, sichtbarer Wirkung – eine Sekunde auf der Zunge,
ein Leben lang auf der Hüfte. Es ist auch immer ganz
vordringlich eine Frage der Phantasie, der Stimmung und
des eigenen Empfindens. Ein genußreiches Mahl im Kreise umgänglicher Menschen in entspannter Atmosphäre, bei
dem sich Gelöstheit, vielleicht sogar ein wenig Weltver-
gessenheit einstellt und Speisen und Gäste und der flüchti-
ge Moment Dreh- und Angelpunkt sind, die Themen sich
um das Augenblickliche drehen und Völlegefühl nicht aufkommt, währt als Erinnerung eine Ewigkeit. Davon zehren
wir auf Dauer. Denn wer unter uns kann nicht nach Jahren
noch sinnieren, wie angenehm und erfüllt eine bestimmte,
mit Köstlichkeiten reich gesegnete Tafelrunde war, da und
dort, in Gesellschaft von dem und dem, anläßlich irgendeines Ereignisses.

Und ganz ohne Frage, gute Esser, die mit genießerischem
Empfinden voll Hingabe bei der Sache bleiben, sind angenehme und sehr gewinnende Zeitgenossen. Wie eben Epi-

kureer, typisch für ihren Lebensstil, an ihrer Lebenseinstellung nicht viel abstrakt herumphilosophieren, sondern konkret und direkter leben und einfach genießen. Wenn man nur daran denkt, wie schwer hungrige Menschen zu ertragen sind, und um wieviel freundlicher und friedfertiger ein Leben mit vollen Bäuchen verläuft, dürfte die Entscheidung, wohin man sich als Gewichtsgefährdeter – allerdings maßvoll – selbstbekennend nun wende, überhaupt nicht schwerfallen. Und wo, bitte schön, ist der wirklich überzeugende Beweis, daß Ausgemergelte glücklicher leben? Länger vielleicht – aber mit viel Verzicht, ein Leben lang. Cäsar – so berichtet die Legende – wollte Beleibte um sich haben. Brutus stelle ich mir daher eher wie einen ausgenommenen Hering vor.

## Ein Pfiffiger aus dem Midi

Wie viele bedeutende Zeichen werden bei wichtigen Essen gesetzt. Tischreden werden bewußt mittendrin gehalten. Und wie erlösend ist der letzte Satz einer jeden Ansprache oder Begrüßungsrede: »Das Büfett ist eröffnet!« Selbst im Verlauf eines vielleicht ansonsten eher etwas steifen Banketts können Witz und Humor, sogar gepaart mit augenzwinkernder List, greifen, wie mir bei einem offiziellen Bankett in einer großen Stadt am Mittelmeer – unserem vorher angekündigten Ausflug – widerfuhr, zu dem die der Regierung angehörenden Kommunalpolitiker geladen hatten. War er nun vorgekostet oder nicht? Jedenfalls, der Wein war ausgeschenkt und funkelte dunkelrot und verführerisch in den Pokalen. Mein der Opposition zugehöriger Tischnachbar und ich prosteten uns zu, nahmen erwartungsvoll einen herzhaften Schluck und schauten uns entsetzt und mit angewidert verzogenen Gesichtern an: Der sieben Jahre alte, würdige Medoc eines renommierten Weingutes hatte Korken, und das recht penetrant. So etwas kommt leider in den besten Familien vor. Kleine Beeinträchtigungen kann man ja mal wegschlucken, aber dieses Gesöff war bei allem Wohlwollen wirklich nicht trinkbar. Was also tun? Zurückgehen lassen hieße gleichzeitig, einen unserer Tischnachbarn, der diese Flasche ja vorgekostet hatte, zu blamieren. Unsere Höflichkeit ließ das nicht zu. Aber Austrinken war ebenfalls unzumutbar. Allenfalls vielleicht mit überwindbarem Widerwillen den noch im Glas verbliebenen Rest, den man ja auch mit Wasser bis zum Geschmacksneutralen verdünnen konnte. Mein Tischnachbar, vom Schalk geritten, zwinkerte mir spitzbübisch zu und fand sogleich einen Ausweg. Wiederholt trank er unseren Gegenübern, seinen politischen Kontrahenten, aufmunternd zu, die daraufhin freundlichst zurückprosteten und dabei recht geschwind ihre Gläser leerten. Umgehend schenkte er ihnen – ich traute meinen Augen nicht – von dem verkorksten Wein aufopfernd und mit liebenswürdigster Miene nach, und ruckzuck war der fragwürdige Bordeaux von allen rundum geleert – nur nicht von uns. Eine neue Flasche für uns ordernd, denn wir hatten ja nun leider nichts mehr – er tönte sogar, wir seien zu kurz gekommen –, raunte er mir breit grinsend zu: »*Vous avez vu ça? Ils n'ont rien remarqué, les pauvres, Honnêtement, c'est la première fois dans ma vie politique, que je les ai servis avec joie et impatience!*«* – Und feixte sich eins. Ja, ja, die freundlichen Herren Politiker unter sich! Ob die Gelackmeierten es bemerkt haben? Ich weiß es nicht.

* »Haben Sie das gesehen? Die Ärmsten haben gar nichts bemerkt. Ehrlich, das ist das erstemal in meiner politischen Laufbahn, daß ich sie mit Freude und Ungeduld bedient habe.«

Jedenfalls verzog keiner eine Miene, jeder trank sein Glas artig bis zur Neige aus. Unsere sich daran anschließende *bouillabaisse* jedoch war eine wahre *règale*, eine Köstlichkeit, wie die Franzosen sich bei einem solchen Festschmaus lobend umgangssprachlich ereifern. So soll sie original zubereitet werden, für 8–10 Personen:

### Bouillabaisse Golf de Lyon

2,5–3 kg verschiedene Fischsorten,
möglichst original aus dem Mittelmeer.
Da sie im Golf von Lyon gefangen werden,
spricht man allgemein von *poissons du golf: rascasse,
conger*, Muräne, *baudroie (lotte), vive, chapon* als Fische
mit festem Fleisch. Weiches Fleisch bieten *saran,
merlan, pageot*, Knurrhahn, *saint-pierre* und *girelle*.
Fest- und weichfleischige Sorten sind je
zur Hälfte Hauptbestandteil der Bouillabaisse.

4 l Wasser, 1 große Zwiebel, 2 Knoblauchzehen,
1 große, abgezogene und entkernte Tomate,
1 *bouquet garni*, 1 Scheibe Zitrone,
1 kleiner Stengel Fenchel.

Zuerst bereiten Sie einen Fond. Kochen Sie alles zusammen ¼ Stunde in einem großen Topf. Danach durchsieben und warm stellen.
Anschließend gehen Sie weiter wie folgt vor:

2 große Zwiebeln, 2 große gehäutete und
entkernte Tomaten, 2 Stangen Porree,
4 gehackte Knoblauchzehen, 15 cl Olivenöl,

60 g Butter, 1 *bouquet garni*, zusätzlich etwas Fenchel
und Bohnenkraut, 1 TL gehackte Petersilie,
1 Messerspitze Sternanis, 1 reichliche Messerspitze
Safranpulver, Salz und Pfeffer.
10 Scheiben geröstetes und dann
mit Knoblauch eingeriebenes Weißbrot.

In einen großen, für starke Hitze geeigneten Eisentopf
etwas Butter und zwei EL Olivenöl geben und darin die
feingehackten Zwiebeln mit dem Porree scharf andünsten.
Sobald die Zwiebeln glasig werden, die Fische mit festem
Fleisch, Knoblauch, Tomaten, Gewürzsträußchen, Petersilie
und alle Gewürze dazugeben und mit dem vorbereiteten
Fond übergießen. Die Butter in kleinen Stückchen und das
restliche Olivenöl hineinrühren. Bei starker Hitze 6 Minuten aufkochen. Dann sofort die weichfleischigen Fische
zugeben und weitere 8 Minuten kochen. Die Fischsuppe in
eine Suppenterrine geben, auf deren Boden Sie die vorbereiteten Brotscheiben gelegt haben. Die Fische werden auf
einer vorgewärmten Extraplatte mitserviert. Da die cremige
Bindung von Butter und Öl erhalten bleiben soll, muß alles
sehr heiß auf den Tisch kommen.

Oft wird eine *sauce rouille* genannte Mayonnaise dazu serviert, von der man im letzten Moment ein wenig in die
Fischsuppe rühren kann. Sie wird angerichtet mit etwas
Tomatenmark und je nach Geschmack mit Cayennepfeffer
gewürzt.
Langusten in einer Bouillabaisse sind nicht die Originalversion, sondern Zugabe für die Touristen und dienen nur
dazu, dieses typische Fischgericht vom Golf de Lyon zu
einem – man möchte sagen – snobistisch hochgestylten,
teuren Menü aufzumotzen. Der zarte Geschmack des Kru-

stentiers wird von der akzentuierten Safranwürze dieser von Herkunft einfachen Fischsuppe zerstört. Ursprünglich war die Bouillabaisse nur ein Armeleuteessen, in dem der nicht marktfähige Fang verkocht wurde.

Für französische Verhältnisse ungewöhnlich, aber original zubereitet wird sie nie mit Vorgericht serviert, denn die Bouillabaisse ist ein sogenannter *plat complet*. Käse und Dessert hingegen – wenn überhaupt noch Platz ist – sind gestattet, werden aber auch meist weggelassen. Ich habe schon oft beobachtet, daß die Einheimischen im Midi Roten dazu trinken. Ein herzhafter, kräftiger Bandol aus einem Weinanbaugebiet östlich von Marseille ist besonders empfehlenswert.

## Verführung von Leib und Seele

Wie viele bahnbrechende Entscheidungen werden während eines Diners vorskizziert und auf den Weg gebracht! Bei Tisch besänftigen sich die aufwallenden Gemüter. Hitzige Wortgefechte und sinnenfrohes Tafeln schließen sich gegenseitig aus. Viele Kriegsbeile wurden dabei begraben oder nach den ersten Bissen und Schlucken erst gar nicht mehr hervorgeholt. Denn um wieviel ruhiger stimmt ein gutes Mahl kontrovers denkende Streiter, besänftigt die Gemüter, stiftet ein angenehmeres Verhandlungsklima und beflügelt die Gedanken! Ein wohlmundender, nicht im Übermaß genossener Wein trägt – das Ganze fein untermalend – förderlich zu allem bei. Keine wichtigen Begegnungen, in welcher Weltgegend und unter welchen Umständen, Vorzeichen und Völkern auch immer, finden ohne den Rahmen großer, oft glanzvoller Bankette und ausgiebigen Dinierens statt. Eine Feier ohne Festessen wäre undenkbar.

Selbst bei zeitlich gedrängten Zusammenkünften muß zumindest ein kaltes Büfett her. Wir sollten uns dieser simplen Erkenntnis nicht verschließen und immer wieder, auch im bisweilen grauen Alltag, uns dieser Einstimmung bewußt sein. Gerade in Deutschland, wo es an dieser Erkenntnis bisweilen immer noch hapert; aber man sollte sich wirklich nicht nur auf seltene Festessen beschränken – obwohl sich inzwischen in dieser Beziehung schon viel zum Positiven gewandelt hat. Und den immer noch Zaudernden sei gesagt, daß ein Genuß nur dann ein bleibender ist, wenn Reue gar nicht erst aufkommt. Auch nicht Bedenken im Vorfeld! Beherrscht man diese Klaviatur so virtuos wie die Franzosen – und die Périgordiner sind da allen anderen noch eine Nasenlänge voraus –, so kann man natürlich mit diesem Pfund wuchern. Wenn auch kaum ein ausländischer Verhandlungspartner es sich und schon gar nicht anderen gegenüber eingestehen mag, so ist es dennoch schon vielen Nichtfranzosen widerfahren. Heimgekehrt von schwierigsten Verhandlungen beim französischen, gastgebenden Gesprächspartner, mußten sie sich nach selbstkritischer Analyse ihre nur unvollkommenen Verhandlungsergebnisse vorwerfen. Zu späte Einsicht, wie sich dann herausstellt. Man hat wohl doch ein wenig zu viel aus der Hand gegeben. Alles lag nur an diesen raffinierten Horsd'œuvres, an dem auf der Zunge zergehenden Fleisch mit der aufregenden Sauce. Und dazu noch dieser hervorragende Wein, der die Kehle wie Öl hinunterrann. Er war wohl doch ein bißchen zu schwer. Und zum Schluß noch dieses himmlische Dessert, flankiert von süffigem Champagner. Ja, und dann zum Schluß der alte, schwere Cognac als Deckel obendrauf! Wer kann denn da noch erwarten, sich mit einem Leben voller hartgesottener Fakten zu beschäftigen, anvisierte, schwierigste Ziele zeitweilig nicht aus den Augen zu verlieren und dann auch noch durchzusetzen!? Das ist doch wohl ein bißchen, nein erheblich zuviel verlangt! Verführung ist die Gegnerin der Standhaftigkeit.

Im Lande der Gaumenfreuden versteht man es eben meisterlich, den Gast über die Maßen zu verwöhnen und über alle Dinge zu reden, nur nicht über das eigentliche Thema – und wenn, dann höchstens mal so nebenbei –, und beim Essen schon gar nicht. Das Geschäftliche erledigt sich so am Rande mit. Und plötzlich sind an eben diesem Rande Beschlüsse gefaßt, deren Tragweite in weinseliger Stimmung noch gar nicht so recht erkannt wurde. Im pragmatischeren Deutschland ist das alles zielstrebiger, zwar auch nicht gerade verkrampft, aber weniger gelassen, manchmal auch etwas zu direkt. Aber was soll's, das Ergebnis ist immer noch tragbar und das exzellente Diner, die freigebig kredenzten Weine und das wunderbare Ambiente entschuldigen, ja befürworten doch vieles. Und demnächst steht ja noch eine weitere Verhandlungsrunde an. Dann geht's erneut zur Sache. Dann schlägt die wirkliche Stunde, und man ist sicher, demnächst besser gewappnet und trainiert zu sein. Glaubt man zumindest. Ganz ehrlich – wenn auch mit einigem Selbstzweifel, den man allerdings nie äußern würde.

# Noir, Vert, Blanc und Pourpre

## *Farbenspiel*

Wir befinden uns im Herzen, im Zentrum des Périgord, genauer gesagt, in der Landschaft des *Périgord noir*. Aufgeteilt in verschiedene Farben, ist dieses Kerngebiet umgeben von *Périgord blanc, Périgord vert* und *Périgord pourpre*, wobei man sich aber des Verdachts nicht erwehren kann, daß findige Tourismusmanager hier mit die Hand im Spiel haben und dem inzwischen so attraktiven Nimbus des Périgord, ehemals eigentlich nur als *noir* und ein Teil als *blanc* bekannt, propagandistisch nun weitere Namensvettern hinzufärbten. Alles aber eng verwandte Landschaften, mit Menschen gleichen Schlages, die seit Napoleon verwaltungsmäßig im Departement Dordogne zusammengeschlossen sind. Verwaltungsbezirke, die frankreichweit zumeist den Namen eines sie durchfließenden Flusses tragen und einem direkt von Paris delegierten Präfekten unterstehen. Neuerdings gehört man übergeordnet aber zuerst einmal einem der größten Regionalbezirke der Nation an, der gemeinsam mit den Nachbardepartements neuerschaffenen Administrativregion, hier mit dem historischen Namen Aquitanien. Alles geboren aus der Initiative der jüngsten Verwaltungsdezentralisation und verbunden ein wenig mit dem fast rebellischen Ruf »weg von Paris«. Was beileibe nicht separatistisch klingen, sondern worin sich nur eine gewisse Eigenständigkeit manifestieren soll. Nicht so ganz zu Unrecht, denn Land und Leute zeigen hier eine ausgeprägte landsmannschaftliche Zusammengehörigkeit, offenbaren schon ein unleugbar südfranzösisches Flair. Bisweilen blecken sie sogar die Zähne gegenüber den doch so arroganten Hauptstädten – wie wohl überall auf der Welt – und betonen sehr gern die tiefe Verwurzelung in ihrer Heimat. Paris ist fern, und viele Traditionen mit ihren liebenswerten Reizen konnten hier erhalten und bis heute treu bewahrt werden.

Zwar sind auch die Südwestler alle mit Leib und Seele in erster Linie Franzosen. Aber noch lieber hören sie es, wenn man sie als Aquitanier anerkennt. Vereint als bekennende Regionalisten mit ihrer reichen, geschichtlichen Vergangenheit und den daraus sprießenden kulturellen Eigenständigkeiten. Sogar einem sehr eigenen, dem Katalanischen zugewandten Dialekt, von dem sie beanspruchen, man möge ihn als vollwertige Sprache einstufen. Er klingt wohl ein wenig wie das nach dem Verfall des Römischen Imperiums damals vorherrschende Vulgärlatein. Das alles – ihre Identifikation in Kultur, Sprache und Traditionen – pflegen sie innig.

Im ganzen Land bekannt für ihr aufbrausendes, meist aber doch, wenn auch erst im letzten Moment, noch zügelbares Temperament und ihren schelmischen Witz, vorexerziert vom berühmten Cyrano de Bergerac, der aber zeit seines Lebens nie in der gleichnamigen Stadt war. Er ist eine Theaterfigur des Schriftstellers Edmond Rostand. Bergerac hat ihn aber trotzdem vereinnahmt und ihm als angeblichem Sohn ein Denkmal gesetzt. Sein Geschlecht jedoch stammt nachweislich aus einer nahe bei Paris gelegenen Gegend. Es ist so wie mit dem von Alexandre Dumas frei erfundenen Romanhelden des Grafen von Monte Christo, dessen Verlies auf der Marseille vorgelagerten, ehemali-

gen Sträflingsinsel Château d'If, in dem er angeblich ge-
schmachtet haben soll, dem staunenden Besucher vorgeführt wird. Sogar die Bresche, die er auf seiner Flucht in die
Festungsmauern gebrochen hat, wird eingehend erläutert.
Mit Bergerac, der Kantonshauptstadt am Ufer der Dordogne, die sich so gern auf das berühmte Findelkind beruft,
hat der langnasige Cyrano also nur den Nachnamen gemeinsam. Sein aufbrausendes Temperament und rasches
Beleidigtsein – seine Nase war ja sein Schicksal – und seine
gleichzeitige Güte und sein Edelmut – zum Teil recht gegen-
sätzliche, hier aber selbstverständliche, sich trotz allem ver-
einende Züge – jedoch können den aquitanischen Charakter nicht verhehlen und halten auch den Heutigen einen
kristallklaren Spiegel vor Augen. Wie solche Dichtung meist
überzeichnet, aber dadurch nur um so einprägsamer. Zu-
treffend in Maßen allemal.
Den Kern und nach Meinung der Besucher besonders se-
hens- und liebenswerten Teil dieser Landschaft bildet also
das *Périgord noir*, wobei die angrenzenden Farben der Nach-
bar-Périgords großzügig und weiträumig mit einbezogen
werden können. Die etwas unverständlich erscheinende
Zusatzbezeichnung *noir* findet mehrere Erklärungen. Die
wahrscheinlichste könnte sein, daß das Laub der sich hier
besonders dicht drängenden, knorrigen Eichen, speziell
aber der häufigen Stechpalme, eines eicheltragenden, ganz-
jährig mit stacheligen, tiefdunkelgrünen Blättern belaubten
Baumes, aufgrund geologischer Bodenbeschaffenheit eine
Nuance dunkler zu sein scheint als im umgebenden Rund.
Mag sein oder auch nicht. Man ist ja immer sehr beein-
flußbar und leichtgläubig, insbesondere, wenn Einheimische so etwas steif und fest behaupten – ohne auch nur die
geringste Widerrede zu dulden.

# Eine Lanze brechen

Es ist an der Zeit, hier einmal im Vergleich zu den gewaltigen, eindrucksvollen Hochgebirgsmassiven eine Lanze für die so einladenden, aber doch bescheidener auftretenden Mittelgebirge zu brechen. Und zu ihren maßvolleren Vertretern gehört das innere Périgord, das *Périgord noir*. Es hat seine erdgeschichtlichen Ursprünge im Erdmittelalter, im Jura und Tertiär, als hier noch ein seichtes, tropisches Meer namens Thetys wogte, bis sich die Landmassen immer höher hoben und die Bergmassive auftürmten. Im hiesigen Kalksandstein findet sich daher auch darin eingebettet und versteinert die damalige Meeresfauna und -flora wieder. Fossiliensammler kommen hier voll auf ihre Kosten, finden Abdrücke von meist noch primitiven Lebewesen wie Muscheln, Schnecken, Algen und vor allem das Leitfossil, den schon im Erdmittelalter ausgestorbenen, spiralförmigen Ammoniten. Später wuschen dann gewaltige Ströme die Felsüberhänge an den Ufern der gigantischen Urzeitströme aus. Hier unter diesen natürlichen Schutzdächern suchten die frühen einwandernden Menschen dann Schutz, dort errichteten ihre primitiven Lager und bald auch erste Behausungen. Diese überkragenden Felsüberhänge werden im Französischen *abri* genannt, ein Wort, das man inzwischen auch ins Deutsche übernommen hat, zum Beispiel sehr passend für die Schutzhäuschen der Bushaltestellen.
Von den Terrassen unter den hochgelegenen Felsüberhängen hatten die urzeitlichen Jäger einen weiten Blick ins baumschüttere Land der Eiszeit. Von hier oben konnten sie ihren wehrhaften Beutetieren beizeiten auflauern und sie erlegen. Auf den nur schwer zugänglichen Felsterrassen brachten diese frühen Hominiden sich vor ihren Nahrungs-

konkurrenten und den sie angreifenden Raubtieren, wie dem gewaltigen Höhlenbären, dem furchteinflößenden Säbelzahntiger und umherstreunenden, riesigen Hyänen in Sicherheit. So gedeckt, ergriffen sie überlegte Verteidigungsmaßnahmen gegen diese sie ständig umlauernden Gefahren. Ihnen folgten dann später die Menschen, die in der Jüngeren Altsteinzeit die beeindruckenden Kunstwerke in den prähistorischen Grotten tief im Berg schufen. Aber nicht nur die Malereien, auch haufenweise Kleinkunst wie Miniaturstatuetten, Frauenköpfchen, aus Knochen hergestellter Schmuck, verzierte Jagdwaffen und allerlei Gebrauchsgegenstände, deren Sinn und Zweck man teilweise noch immer nicht erklären kann, ließen sie auf ihren Siedlungsplätzen zurück. Nicht zu vergessen die technisch perfekt zurechtgeschlagenen Steinwerkzeuge, die dieser ungemein langsam dahinschreitenden, langandauernden Entwicklungsperiode der Menschheit ihren prägenden Namen gegeben haben, der Steinzeit. Man ist absolut sicher und hat auch vereinzelt Funde gemacht, daß diese Jäger und Sammler auch sehr viele Gegenstände aus Holz fertigten. Doch dieses ist vergänglich und hat nur in ganz vereinzelten Glücksfällen versteinert diese riesige Zeitspanne bis heute überdauert.

Die Natur gab also die günstigsten Siedlungsplätze vor. Stellen – wenn sich die Topographie im Laufe der Jahrtausende nicht gar zu sehr verändert hat –, auf denen man mit gesundem Menschenverstand auch heute noch sein Zelt zum Kampieren aufschlagen würde. Auf diesen eiszeitlichen Schutthalden fingen die ersten Archäologen im vergangenen Jahrhundert an zu graben. Anfangs fast wie Schatzgräber. Hier finden sich fein säuberlich Schicht für Schicht über zig Jahrzehntausende aufeinandergelagert, die Hinterlassenschaften unserer Urahnen, so daß die Prähistoriker sie den verschiedensten Steinzeitepochen in relativer Abfolge zuordnen können. Für die absolute Datierung gehen ihnen unter anderem die Atomphysiker mit ihrer Atomuhr-Meßmethode zur Hand. Mit hochsensiblen Apparaturen messen sie die sogenannte Halbwertszeit, die beim Kohlenstoffatom $C_{14}$ genau 5730 Jahre beträgt. Das ist die radioaktive Verfallzeit eines Atoms. Jeder Organismus nimmt sein Leben lang aus der Umgebung $C_{14}$ auf und lagert es in den Knochen und Zellen ab. Stirbt er, ist die Zufuhr weiterer Atome damit beendet, und die Atomzerfallzeit fängt wie eine Uhr an zu ticken. Diese Halbierungen kann man messen und so recht genau bis zur Todeszeit zurückrechnen. Turbulent wird es nur dann, wenn ein Organismus beispielsweise am Bahndamm gelebt und den dort ausströmenden Kohlenstaub uralter Pflanzen eingeatmet hat. Aber das trifft ja für die Steinzeit nun wirklich nicht zu.

Selbst Jahreszeiten sind mit Hilfe einer sogenannten Pollenanalyse archäologisch nachweisbar. Die unscheinbaren und zarten Blütenpollen vergehen nur schwer, und die Wissenschaftler sieben diese winzigen Krümel aus dem Fundmaterial heraus. Da jede Pflanze anders gestaltete Pollen produziert, kann man sie nun den jeweiligen Gewächsen zuordnen. Man kennt ja die bis heute unverändert bestehenden Blühperioden, so daß die Pollen dann absolut sicher gemäß ihrem vermehrten Auftreten den jeweiligen Jahreszeiten zugewiesen werden können.

Die Menschen der Morgenröte, die im Périgord des Magdaléniens vielleicht zeitweise eine Art Zentrum bewohnten, sich zumindest gerade hier längere Zeiträume während ihres Nomadendaseins aufhielten und wohl auch begegneten, folgten ihren wandernden Beutetieren bis hoch in den Norden, bis an den Rand der damals Europa bis Hamburg hin bedeckenden, kilometerhohen Eismassen in der letzten, der Würmeiszeit. Hügel südlich von Hamburg – hier in der flachen, norddeutschen Tiefebene großspurig Harburger Berge genannt – waren einst die Endmoränen, die diese gigantischen, nach Süden fließenden, kilometerhohen Gletschermassen vor sich auftürmten.

Alle Mittelgebirge – gemeint sind hier natürlich nicht die eher niedlich zu nennenden Harburger Berge – plagt wohl ein ähnlich belächeltes Image, wie der vielleicht zutreffende Vergleich zwischen dem Berufsbild eines Süßwassermatrosen und dem eines Seemannes auf großer Fahrt. Letzterer schaut immer ein wenig geringschätzig auf den schmächtigeren Binnenwasserkollegen herab. Niedrigere Berge mit ihrer eher zurückhaltenden, sanfteren Silhouette müssen sich da wohl dem großen Verwandten beugen. Warum eigentlich? Wohl doch nur, was dessen bombastisches Auftreten angeht. Eine Art von Landschaftssnobismus mit gratorientiertem Höhenflug.

Mittelgebirge jedenfalls treten bescheidener auf, sind bequemer, lieblicher und lässiger und stellen weniger Anforderungen an ihre Besucher. Wo Hochgebirgszüge anspruchsvolle Ausrüstungen erfordern, lädt weich-welliges Land zum T-Shirt-bekleideten Schlendern bis strammen Wandern ein, wohl der innigsten Berührungsform, Land und Leute intensiver kennenzulernen. Bei Touren über Hochgebirgskämme trifft man auf keine Einheimischen mehr, sondern vorwiegend auf Zugereiste, gleichgesinnt Verwegene. Denn Bergsteigen ist nur wenigen dort Aufgewachsenen eine wirkliche Freude. Einige allerdings haben es dann zu ihrem Beruf erkoren im Dienste des Tourismus. Kraxeln überläßt man lieber den Sommerfrischlern – bisweilen kopfschüttelnd. Solch alpiner Sport, vielleicht noch angeseilt und mit wetterfester, teurer Ausrüstung, ist in unserer niedrigen Périgord-Bergwelt nicht angesagt, wohl aber in den Steilwänden auch für Freeclimber möglich. Die Hügel ihrer ruhig geschwungenen, nie in den Wolken entschwindenden Gipfel sind zügig für jedermann zu erreichen, auch für nicht ausgebildete und ungeübte Kletterer. Für ganz Bequeme auch per Auto. Im zugegebenermaßen behäbigeren Mittelgebirge ist man also hurtig oben, genießt den weit ins Land schweifenden Ausblick, von sattem Grün getragen und von keinen schroffen, abweisenden Felsgraten gebremst oder von blendenden Firneisfeldern reflektiert; schnell ist man wieder geborgen im sicheren Tal. Kurzum, hier herrscht auch ein etwas lauschigeres, immer zügig wechselndes Berg-und-Tal-Gefühl, auch für nicht so engagiert Sportliche und Kinder.

Allerdings kommt man hier ebenfalls schnell aus der Puste, und das dauernde Auf und Ab – Steigungen haben es eben überall in sich – zieht auch hier den Radfahrern und Wanderern die Reserven aus Muskeln und Knochen. Mehr etwas für Leute, die entsprechende Kondition aufweisen. Muskelkater anderntags ist ein unausweichliches Bergtoursouvenir – hier wie dort. Und wer als Ungeübter schon einmal eine steile Bergstrecke längere Zeit abwärts gewackelt ist, kann ein Lied vom sogenannten Knieschlackern singen. Aber auch das geht bald vorüber.

Eine geschwungene, waldige Hügellandschaft, in der niemand plötzliche Wetterstürze befürchten oder sich sogar mit Pickel und Steigeisen oder anderem hochalpinen Trara fortbewegen muß, hat auch ihren unverbrüchlichen Reiz, nimmt ein für sich. Hochgebirgler jedoch lächeln milde zu uns bemitleidenswerten, in diesem Sinne kleinmütigen Mittelgebirglern herab. Aber damit können wir bestens und restlos zufrieden im Einklang mit unserer Umgebung und Passion leben.

# Unendliche Wälder

Über alle diese Höhenzüge ziehen sich dichte, aber leider auch mit sperrigem Unterholz durchsetzte Laubwälder, durch die man nur sehr beschwerlich querfeldein laufen kann. Immer wieder behindert von lianenartigen Schlingpflanzen, unglaublich zähem, stacheligem Brombeergestrüpp, langdornigen Schlehen, die hier sehr treffend *épingle noir* (wörtl.: Schwarzdorn) genannt werden, und anderem schlingenden Gestrüpp, bis hin zum pieksenden, nur kniehohen Mäusedorn. Noch um die Mitte unseres Jahrhunderts waren die Wälder »gefegt«. Schafe und Ziegen weideten in ihnen und hielten so das Unterholz kurz. Im Herbst trieb man dann die Schweine zur Eichelmast in den Wald. Vorwiegend weite Eichenbestände, aber auch Hainbuchenschläge, durchsetzt mit Wildkirschen, südlichem Ahorn, mehr als mannshohem Buchsbaum, Wacholder, Haselnußsträuchern, den tiefdunkelgrünen Stechpalmen, einer speziellen Art der Eberesche und immer mehr nachgeforsteten Pinien. Silbrig hell glänzen die im Alter später zerfurchten Stämme junger Edelkastanien. An den Waldrändern stehen Holundersträucher, Linden und Walnußbäume, die als sogenannte Solitärbäume sich nicht einreihen und ihren eigenen Freiplatz beanspruchen. Die zartgrünen Ulmen, die die Wege einst säumten, hat das unaufhaltsame, von Norden eingeschleppte Ulmensterben erst in den letzten fünfzehn Jahren fast alle hinweggerafft. Vom Ulmensplintkäfer übertragene Bakterien zerstören die saftführende Bastschicht, und der befallene Baum vertrocknet unaufhaltsam. Ein Gegenmittel ist immer noch nirgends in Sicht. Den Waldboden und die Felshänge bedeckt auf weiten Flächen der immergrüne Efeu, der sich oft bis in die höchsten Wipfel emporrankt und die Bäume zu strangulieren droht.

Die verheerenden Waldbrände der südlicher gelegenen, atlantikküstennahen Landschaft der *Landes* und der trockenen Mittelmeerregionen mit ihren Pinienmonokulturen und die in der heißen Jahreszeit wie Zunder brennenden *maquis*-Gebüsche und Koniferen vor Augen, hat man nun der Aufforstung mit Kiefern Einhalt geboten oder läßt sie nur noch als Begleitgehölz im Mischwald zu. Oft hören wir von besorgten Freunden: »Habt ihr denn gar keine Angst, daß euer mitten im Wald gelegenes Haus mal ganz schnell ein Raub tosender Flammen werden kann? Wo es doch andauernd brennt in Frankreich?« Diese Sorge ist glücklicherweise unbegründet, denn Laubwälder geraten nur schwer in Brand. Und wenn, dann brennen sie kaum lichterloh und in rasendem Feuerspringertempo, wie es bei den harzigen Tannen und Pinien kaum zu bremsen und fast unkontrollierbar über weite Strecken losstürmt. Bei entsprechender Hitze explodieren die auflodernden Kiefernkronen bisweilen schlagartig, schleudern dabei richtige Brandfackeln in die weite Umgebung und entzünden neue Feuernester im Rücken der Löschmannschaften. Schnell sind die Brandbekämpfer dann von tosenden Flammen umzingelt, und es kommt zu schrecklichen Unglücksfällen. Aber wie gesagt, nur in Kiefern- beziehungsweise Pinienforsten. Die Einheimischen behaupten sogar, daß eine sich schnell durch das Unterholz fressende Feuerwalze in den Laubwäldern auch ihr Gutes habe. Sie vernichtet das als Nahrungskonkurrent im Waldboden wurzelnde, der Entwicklung der Nutzhölzer entgegenwirkende Unterholz, düngt mit der verbleibenden Asche des Gestrüpps zugleich den Waldboden und schadet den kräftigeren und hochgewachsenen Bäumen, bis zu deren Kronen die Flammen fast nie hinaufzüngeln, nur wenig. Gesunde, von einer dicken Borke geschützte Bäume mit stärkeren Stämmen überstehen einen solchen Waldbrand erstaunlich unbeschadet. Sogar angekohltes Laub treibt teilweise bald schon wieder nach. Zumindest so lange, wie die Wachstumsperiode noch nicht vollends zum Stillstand gekommen ist. In der brandgefährdeten Sommerzeit überfliegen regelmäßig Patrouillenflugzeuge der französischen Luftwaffe im Tiefflug die Wälder und halten nach verdächtigen Rauchsäulen Ausschau. Haben sie eine ausgemacht, wird sofort die in Frankreich teilkasernierte Feuerwehr, die *sapeurs-pompiers*, als Eingreiftruppe zur Brandbekämpfung in Marsch gesetzt.

Den Elsässern, die von den übrigen Franzosen fortwährend wegen ihres Akzentes und angeblich mangelhaften Französisch auf die Schippe genommen werden, dichtet der Volkswitz dann auch folgende Geschichte an:

An zwei Elsässern – in Südbaden werden diese bedauernswerten Grenzgänger auch schon mal wegen des Rheins abschätzig Kanalwackes genannt – rast mit Tatütata die Feuerwehr, auf französisch wie gesagt *sapeurs-pompiers*, kurz S. P. genannt, vorbei, wobei der eine Elsässer den anderen erstaunt in dialektgefärbtem Deutsch fragt: »Du, was hescht 'n denn dees eegentlich: ES. PE.?« Der andere antwortet im Brustton der Überzeugung und mit all seiner abgeschlossenen Halbbildung: »*Sa Prule!*« (Wenn schon richtig, müßte es aber heißen: *ça brûle* = es brennt.) Aber wie gesagt, das ist glücklicherweise nur eine veräppelnde Geschichte. Doch um die in dieser Hinsicht bedauernswerten Elsässer ranken sich viele solcher Sprachstorys.

Ganz so, wie die Südfranzosen ihre Landsleute im Norden alle für etwas lahm, unflexibel und stur halten, sich selbst aber für außerordentlich wendig, anpassungsfähig, pfiffig, geschickt und vor allem viel lebenstüchtiger. Während die aus dem Norden die Südländer sämtlich als verspielt bis faul, träge und bequem und manchmal sogar als schlitzohrig ansehen und meinen, daß man in der Hitze dort unten sowieso nur die Siesta als Hauptbeschäftigung kenne. Die ruhmvolle Stellung unserer Ostfriesen nehmen in Frankreich die bedauernswerten Belgier ein und können sich so wenig wie jene dagegen wehren.

Jacques, einer unserer schon seit Jahrzehnten im Périgord lebenden Freunde und Herr über fünftausend Kaninchen, führt sich bei den Einheimischen immer mit der selbstironischen Bemerkung ein: *»Excusez moi, je regrets infiniment, mais je suis Belge!«*[*]

Einige verunsichert er damit merklich. Andere wiederum, die schon von ihm, seinem Witz, seiner Schlagfertigkeit und seiner Intelligenz gehört haben, wollen das gar nicht so recht glauben, denn der gute Jacques scheint Geistesschärfe und Humor gepachtet zu haben. Wie paßt das bloß mit dem gängigen Bild vom Belgier zusammen? So tief können aberwitzige bis dumme Geschichten Vorurteile verankern.

Allerdings hatte ganz Les Eyzies eines Tages Gesprächsstoff, als ausgerechnet ein Belgier mit seinem Auto frech eine Abkürzung vom Dorfplatz über die vielstufige, flache Treppe zum unterhalb gelegenen Parkplatz nahm. Man nahm es aber von der heiteren Seite, denn das schien doch für einen Belgier eigentlich gar nicht abwegig, eher normal, und noch jahrelang kursierte die Geschichte in den Bistros der Umgebung – bisweilen heute noch. Wohl überhaupt nichts Neues, diese Arroganz und hochmütige Abwertung im zwischenmenschlichen Zirkus; jedes mir bekannte Land hat seine Prügelknaben, seine wehrlosen Ostfriesen.

* »Entschuldigen Sie bitte, ich bedaure unendlich, aber ich bin Belgier!«

Die Wälder des Périgord noir sind die eigentliche Lebensmitte der hiesigen Landbevölkerung. Bewirtschaftete Forste zwar, aber an unzugänglichen, felsigen Bergflanken gezwungenermaßen weitestgehend naturbelassen. Immerhin sind dreiundvierzig Prozent des Departements Dordogne bewaldet. Damit steht es in Frankreich an vierter Stelle und ist eines der größten geschlossenen Waldgebiete überhaupt. Nicht nur eine riesige grüne Lunge, sondern auch eine bedeutende Rohstoffquelle für die lokale Zellstoff- und Papierindustrie, einer der wichtigsten und leider auch wenigen Arbeitgeber in dieser ansonsten total unterindustrialisierten, ländlichen Provinz.

Gerade Nußbaum, Eiche und Edelkastanie sind besonders beliebte und sehr gesuchte Möbel- und Innenausbauhölzer. Für die Winzer der die Dordogne umgebenden Weinanbaugebiete – und auch weiter weg – ist die Eiche unverzichtbar, denn nur in Eichenfässern lassen sie die Weine reifen. Später gehen diese Fässer dann weiter ins Cognac- und Armagnacgebiet, wo sie dem bei seiner Herstellung noch glasklaren Weinbrand seine typische, warme Färbung geben und die vom Tannin und Lignin beeinflußte Geschmackskomponente verleihen.

Für die heimischen Waldbauern sind ihre Forste daher eine überaus wichtige Einkommensquelle. Und glücklicherweise scheinen die Holzpreise mit der Wiederentdeckung der einheimischen Nutzhölzer und der Erkenntnis, nicht mehr überall Kunststoffe einzusetzen und die tropischen Wälder nicht endlos plündern zu können, jetzt merklich anzuziehen.

Mit der Rückbesinnung auf die Natur werden neuerdings traditionelle holzverarbeitende, nur hier heimische Berufe wieder aktiviert. Geschickte Handwerker, die alle möglichen und einige schon fast vergessene Gegenstände und Halbzeuge nun wieder anfertigen. Und sei es nur als Souvenirs für Touristen. Holzrechen, mehrzackige Heugabeln, Holzpantinen, Holzfässer, -eimer, -bottiche und kleine Behälter, Schöpflöffel und viele Kleingegenstände, geschnitzt, gedrechselt, geböttchert oder geschreinert sind nicht nur Ausdruck geschickter und althergebrachter Handwerkskunst, sondern besitzen auch – leicht verfremdet – einen anheimelnden Dekorationswert. Wegen der auch hier inzwischen unerschwinglichen Produktionskosten bei der Herstellung von Holzkohle ist der früher weitverbreitete Beruf des Köhlers allerdings mittlerweile ausgestorben.

Auf diese Wälder gehen viele Traditionen zurück. Die eigentümliche Sitte des Ehrenbaumerrichtens zum Beispiel, die bei vielen Einzelfesten Anlaß für ausgiebiges Feiern ist. Einmal für ihn errichtet, muß der Geehrte dann alle Teilnehmer beköstigen und vor allem mehr als ausreichend mit geistigen Getränken versorgen.

Die in alten Zeiten oft über Hungersnöte hinwegrettende Nahrungsreserve der Edelkastanien *(les marrons)* wird heute immer noch als wohlschmeckende Beilage zu vielen Speisen der heimischen Küche gereicht. Von traditionellem Charakter ist auch der Bau der pittoresken *cabâne à feuillard*, einer naturbelassenen Laubhütte, die einfach aus schräggestellten, armdicken Stecken zu einem Spitzdach ohne Seitenwände und mit Holzschnitzeln gedeckt, an einem Vormittag aufgestellt werden kann. Nicht zu vergessen den nationalfranzösischen Volkssport, die Jagd, diese leidenschaftliche, bis zum Fanatismus reichende Passion, über die Nichtjäger nur verständnislos den Kopf schütteln können. Die in den letzten Jahren deutlich verschärften Jagdgesetze haben sich merklich auf die inzwischen reichen Wildpopulationen ausgewirkt. Wenn auch zum Nachteil der Bauern, deren Äcker nun vermehrt von Wildschweinen und anderem Getier, das sich am Mais und den vielen köstlichen Feldfrüchten labt, heimgesucht und geplündert werden. Schäden, die an ihnen hängenbleiben und die kaum eine Versicherung ersetzt, anders als Städter oftmals glauben.

## Fleisch des Waldes

Und natürlich das herbstliche Pilzesuchen. Nicht nur die geheimnisvolle Trüffel *(la truffe)* schlägt Einheimische und Besucher in ihren mystischen Bann. Auch die anderen, als Fleisch des Waldes bezeichneten Schwammerln, wie die hier besonders schmackhaften Steinpilze *(le cèpe)* und die bereits im Frühjahr ihre Köpfe aus der Erde reckenden Morcheln *(la morille)* werden in guten Jahren körbeweise gesammelt und bereichern als begehrte und gesuchte, aber auch leider recht teure Delikatessen den périgordinischen Speisezettel. Also Bestimmen lernen und selber suchen! Eine mit Morcheln bereitete Sauce kann zu vielen Fleischgerichten gereicht werden.

### Sauce aux morilles

100 g Butter, 2 EL Walnußöl,
100 g Morcheln, 2 EL Mehl, 3 cl Ratafia,
1 große Schalotte, 2 reife Tomaten,
1 Zweig Estragon, 1 Zweig Petersilie,
1 Glas weißer Bergerac,
Salz, Pfeffer.

Die Tomaten abziehen, entkernen und pürieren, Petersilie und Estragon kleinhacken. Die Pilze zerkleinern und zusammen mit 40 g Butter und 2 EL Öl so lange in einer kleinen

Pfanne erhitzen, bis die Flüssigkeit weitestgehend einge-kocht ist. Dann vom Herd nehmen und die kleingehackte Schalotte hinzufügen. Zwischenzeitlich in einer anderen Pfanne die restlichen 60 g Butter zerlassen, das Mehl ein-rühren und leicht anbräunen. Dann mit den vorbereite-ten Morcheln, Ratafia, Weißwein, Tomatenpüree, Estragon und Petersilie vermengen, salzen und pfeffern. Sollte die Sauce zu steif werden, mit gleichen Teilen Wein und Wasser strecken.

Im Mai erscheint ein weiterer Speisepilz, der Mairitterling, in der Region *mousseron* genannt. Fernand bereitet ihn auf folgende Art zu:

### *Mousserons à la persillade*

1 kg Mairitterlinge,
2 Knoblauchzehen,
125 g Gänseschmalz (oder Butter),
Petersilie, Pfeffer und Salz.

Gänseschmalz (das wäre die Originalversion) oder auch Butter mit einer Knoblauchzehe andünsten. Die Pilzstiele entfernen und nur die Hüte im Gänseschmalz bei gerin-ger Hitze so lange in einer Pfanne braten, bis das enthalte-ne Wasser weitgehend verdampft ist. Salzen und pfeffern. Die Petersilie und die zweite, kleingehackte Knoblauchzehe kurz vor dem Servieren daruntermengen. Außer zu Geflügel schmeckt dieser Pilz sehr gut zu allen anderen Fleischsorten oder auch als schnell zuzubereitendes Zwischengericht, als *entremet*.

Die Pilze scheinen hier im Périgord – das kann natürlich nur Einbildung eines uneinsichtigen, verblendeten, wenn auch nur zugereisten Lokalpatrioten sein – ein besonders feinschmeckendes Aroma zu entwickeln, sind in ganz Frankreich auf den Märkten sehr gesucht und erzielen daher recht ansehnliche Preise. Die Suche lohnt sich also und ist für viele Einheimische nicht nur Bereicherung des eigenen Speisezettels, sondern auch ein sehr willkommener Nebenverdienst. Die Restaurants können sich in der Saison nicht über Frischversorgung beklagen. Jeder hält seine Stellen natürlich streng geheim, und manch einer fährt sogar große Umwege, bevor er seine einträglichsten Fundplätze – sich fast anschleichend – aufsucht. Vorsicht ist die Mutter der Porzellankiste – es könnte ihm ja ein Nachspionierer unauffällig gefolgt sein! Oder der Nachbar erkennt die Autonummer seines allzu nahe bei der Pilzstelle geparkten Wagens. Besser ist es also, Verfolger – auch nur eingebildete – beizeiten durch alle möglichen Umwege und Winkelzüge abzuschütteln und in die Irre zu führen.

Sogar mein Freund und Trüffelsammler, diese wandelnde Weinamphore Marius, *un vrai renard de bois*, ein richtiger Waldfuchs, wie ihn seine Nachbarn schmunzelnd und ehrfurchtsvoll titulieren, machte, wenn er mit mir in die Pilze ging, immer ein Riesentheater, daß ich nur ja niemandem verriet, wohin wir gingen. Natürlich Honig kaufen oder irgendeine andere faule Ausrede, die sowieso keiner glaubte. Und nach Norden ging's, wenn wir uns südwärts wandten. Das durchschaute allerdings auch jeder. Auf gar keinen Fall durfte ich seine Stellen jemals ohne ihn aufsuchen. Am liebsten wollte er selbst das Lenkrad in die Hand nehmen, mir die Augen bis zum Ziel verbinden und sich möglichst auch noch ohne Motorengeräusch mit dem Auto anpirschen. Da der Gute aber schon morgens oft zu tief ins Glas geschaut hatte, fuhr ich dann doch lieber selber. Auch auf den teils sehr versteckt liegenden und eigentlich nur von Holzfällern benutzten Waldwegen. Marius führte mich dann ständig im Kreis herum und im Zickzackkurs über Landstraßen und Schneisen, manchmal zwei- bis dreimal aus verschiedenen Richtungen vorbei an denselben Gehöften. Ließ mich hier abbiegen, dort eine Kehre machen, weil er sich ja angeblich geirrt hatte, oder auch mal in einer Schneise einige Zeit versteckt verweilen, um genau zu prüfen, ob uns denn wirklich niemand folgte. Ja, einmal mußte ich sogar, weil wir uns nun doch verfahren hatten, gut zweihundert Meter mit verrenktem Hals auf schmalstem, trockensteinmauergesäumtem, gekrümmtem Pfad wieder zurücksetzen, um auf den rechten Weg zu gelangen. Recht konspirativ mutete das alles an, so als hätte Marius eine Spezialausbildung vom *Deuxième Bureau* erhalten, dem französischen Geheimdienst.

Zum einen dachte Marius wohl, ich würde das alles gar nicht merken, zum anderen glaubte er felsenfest, daß ich von all dem Hin und Her völlig verwirrt sein mußte und den Weg allein bestimmt nie wiederfinden würde. Dabei vergaß er völlig, daß ich nun auch schon seit bald zwanzig Jahren durch diese Forste streife. Natürlich machte ich sein Spiel mit, ohne mir dabei das geringste anmerken zu lassen, und amüsierte mich insgeheim wie ein Schneekönig. Ich hatte mir sogar angewöhnt, auch dann den absolut Erinnerungslosen zu mimen, wenn er eine Stelle das zweite oder sogar dritte Mal mit mir gemeinsam aufsuchte. Er sollte keinesfalls merken, daß ich ihn längst durchschaut hatte, und lieber bei seinem Irrglauben bleiben. Denn würde ich doch einmal seine Anweisungen ignorieren, ihn auslachen und uns direkt zu einem seiner Plätze kutschieren, wäre er sicher so verunsichert und mißtrauisch, daß es künftig wohl kaum mehr zu einem gemeinsamen Pilzausflug käme. Da ich nicht ständig und jede Saison vor Ort bin, bin ich sicher einer der ganz wenigen, die er zu seinen Stellen mitgenommen hat.

Im Wald angelangt, herrscht dann absolutes Redeverbot. Nur noch fahrige Zeichensprache ist erlaubt, die aber ständig zu Mißverständnissen führt. Und kommt wirklich einmal ein anderer Pilzsucher, ein verhaßter Nahrungskonkurrent, des Weges daher, weichen wir ihm sofort aus. Wenn auch das nicht mehr geht, verstecken wir uns wie heimliche Partisanen im Unterholz und lassen ihn unbemerkt passieren – meinen wir wenigstens.

Sogar unter Tage wachsen hier Pilze in unvorstellbaren Mengen. Viele Bergmassive sind von endlosen, im Laufe der Jahrhunderte künstlich angelegten, immer wieder erweiterten und über mehrere Etagen sich erstreckenden Stollensystemen labyrinthartig durchzogen. Man hat hier früher alle möglichen Mineralien in den inzwischen längst aufgegebenen Minen abgebaut: für die Zementherstellung, zur Kalk- und Kreidegewinnung oder auch nur zum Steinebrechen unter Tage für den Häuserbau. Das rechnet sich schon lange nicht mehr, und so sind diese Stollen stillgelegt, verwaist und sich selbst überlassen, dürfen aber aus Sicherheitsgründen nicht betreten werden. Sie sind teilweise so weitläufig verzweigt, daß man sich ganz schnell in ihnen verlaufen kann. Diese teils kilometerlangen Irrgärten, die ganze Bergmassive untertunneln, so daß man verblüfft im anderen Tal wieder ans Tageslicht tritt, werden heute teilweise von Champignonzüchtern für ihre Kulturen genutzt. Ihre weißen Pilze lieben die Dunkelheit. Eigenklima, Feuchtigkeit und Weitläufigkeit im Berg sind ideale Wachstums- und Bewirtschaftungsbedingungen und ermöglichen einen industriellen Anbau dieses Edelpilzes, der ursprünglich aus den unterirdischen Stollensystemen von Paris stammen soll und in Frankreich deshalb *champignon de Paris* heißt.

Von hier aus beliefert man ganz Frankreich. In erster Linie aber Paris, wohin fast alle Waren zur Weiterverladung gekarrt werden. Die gesamte Logistik dieses immer noch sehr zentralistisch organisierten Landes ist – man braucht nur auf die Straßenkarte zu schauen – Paris-orientiert; von Paris aus werden die Waren dann umverteilt. Es ist durchaus kein Witz, wenn immer wieder behauptet wird, Fische bekäme man in Paris frischer als an den Küsten. Viele Nahrungsgüter werden über den heutigen Bauch von Paris, über den südlichen Vorort Rungis, verteilt und nehmen damit diesen Umweg, bevor sie wieder zurück an die ursprünglichen Verladeorte gelangen. Immer zuerst Paris, wie die Provinz stöhnt.

Die Champignonzüchter haben es jedoch sehr schwer, sich gegen den immer aggressiver auftretenden Wettbewerb aus Fernost zu behaupten. Etliche konnten die Rentabilität ihrer Betriebe nicht mehr aufrechterhalten und mußten bereits wegen des nicht abzufangenden Konkurrenzdrucks aufgeben. Bei Jean-Luc und seiner Frau, die beide mit sehr viel persönlichem Einsatz und engagiertem Fleiß versuchen, insbesondere über die Qualität ihre Champignonzucht aufrechtzuerhalten, bekamen wir das Rezept eines leckeren Zwischengerichtes, das Isabelle uns kürzlich servierte: gefüllte Champignonhüte:

*Chapeaux de champignons de Paris farcis*

8 große Champignonhüte,
200 g Mett, 2 Eier, 3 Schalotten,
2 Knoblauchzehen,
1 kleines altbackenes Brötchen,
Petersilie, Salz, Pfeffer.

Alle Beigaben und die Pilzstiele kleinhacken. Die Füllung
mit den 2 frischen Eiern und dem eingeweichten Brötchen
gut durchkneten. Die Pilzhüte mit der Masse füllen und 30
Minuten bei mittlerer Temperatur im vorgeheizten Backofen garen. Zwischendurch immer wieder mit dem austretenden Saft übergießen.

Vorweg tischte Isabelle eine wohlschmeckende, rustikale
Suppe auf, die sehr empfehlenswert ist, eine mit dicken
Bohnen:

*Soupe de fèves*

350 g Porree, 120 g Karotten,
350 g Kartoffeln, 150 g Spitzkohl,
120 g gestoßene Erbsen, 350 g große Bohnen,
40 g Gänseschmalz.

Das Gänseschmalz in einen Topf geben und darin die kleingeschnittenen Karotten und den Lauch andünsten. Alles in
kleine Würfel schneiden. 3 Liter Wasser mitsamt den anderen Gemüsen dazugeben und 1½ Stunden bei schwacher
Hitze garkochen lassen.
Ansonsten so verfahren wie bei der *Soupe à la citrouille.*

*Variation:*

Anstelle der großen Bohnen kann man auch 100 g grüne Bohnen nehmen, die aber von Anfang an mitgekocht werden.

Aus ihrer Probierstube stammt auch folgendes, schnell und einfach zu zauberndes Rezept für Pfifferlinge, die im Périgord zu Prachtexemplaren bis Handtellergröße heranwachsen:

### Girolles au vinaigre

je nach Mengenbedarf: Pfifferlinge, weißer Essig, Schalotten, Knoblauch, Salz, Pfefferkörner.

Die Pfifferlinge im Stück belassen, säubern und blanchieren. Dann gut abtropfen lassen und dazu auf ein Küchenhandtuch legen. Dann mit dem Essig und den Zutaten in ein Weckglas geben und an einem kühlen Ort verwahren.

Aber auch ihre

### Cèpes marinés

lassen einem das Wasser im Munde zusammenlaufen. Sie werden genauso zubereitet wie die Pfifferlinge. Genaugenommen kann man eigentlich jeden festeren Pilz auf diese Weise konservieren.

Derart für die pilzlosen Zeiten aufgehobene Schwammerl sind in erster Linie gedacht für Salate, insbesondere die zu fast allen Gerichten passende

## Salade périgourdine

400 g grüner Salat (möglichst Frisée),
180 g grob gehackte Walnüsse, 200 g Steinpilze
(*cèpes marinés*, s. o.) oder andere, 1 *confit de canard*,
10 cl Walnußöl, 2 EL Weinessig,
1 Knoblauchzehe, Salz, Pfeffer.

Das *confit de canard* in Würfel schneiden und kurz anbraten.
Die Salatsauce aus Walnußöl, Weinessig, dem gepreßten
Knoblauch, Salz und Pfeffer anmachen und zusammen mit
den gehackten Nüssen, dem gewürfelten *confit* und den
kleingeschnittenen Steinpilzen in eine Salatschüssel geben
und gut umwälzen. Ca. 30 Minuten ziehen lassen, dann den
Salat unterheben und servieren.

Oder noch etwas Einfaches, so für zwischendurch oder
wenn man auf der Terrasse sitzt und der Holzkohlengrill so
oder so in Betrieb ist:

## Cèpes grillés

Steinpilz- oder große Champignonhüte salzen, pfeffern, gut
mit Walnußöl einstreichen und dann kurz auf dem Garten-
grill braten. Eine Köstlichkeit, die nach Wald und Natur
duftet. Man kann sie richtig durchgebraten, aber auch halb-
gar verzehren.

Geht es an die höhere Kochkunst, an die berühmte *grande
cuisine* – die Franzosen kennen den Ausdruck *haute cuisine*
nicht, obwohl das doch dem geläufigen *haute couture* entsprechen würde –, empfiehlt sich für viele Fleischspeisen,

insbesondere solche, die aus der Pfanne oder dem Ofen kommen, die weit über das Périgord hinaus gerühmte und exzellente

*Sauce Périgueux*

80 g Butter, 1 feingehackte Schalotte,
1 Glas trockener Bergerac, 10 cl Madeira,
1 Schuß Cognac, 15 cl Wasser,
2 gehäufte EL Mehl, 30 g Trüffel,
1 Messerspitze Thymian, Salz, Pfeffer.

Die Butter langsam in einem Topf auflösen und das Mehl einrühren. Bei schwacher Hitze leicht bräunen. Anschließend zugleich den Madeira, den Wein, das Wasser, den Cognac, die kleingeschnittene Schalotte, die gewürfelte Trüffel und den Thymian hinzufügen und aufkochen lassen. Vorsichtig salzen und pfeffern. Die Sauce so lange im Wasserbad einkochen lassen, bis sie die gewünschte Konsistenz erhält.
Vor dem Servieren noch 1 Tasse Bratenfond (das Fett abschöpfen) des für die *Sauce Périgueux* bestimmten Fleisches hinzufügen.

## Feldfrüchte und Delikatessen

Die Erzeugnisse der Bauern aus dem gesegneten, fruchtbaren Boden des Périgord sind in nationalen und internationalen Feinschmeckerkreisen als herausragende Produkte hochgeschätzt und begehrt, wobei die geheimnisumwobene, tief in der Erde verborgene *Périgord*-Trüffel als Symbol bei der weltweiten Gourmetgilde eine unvergleichlich exponierte Sonderstellung einnimmt. Aber auch die anderen Pilze, die Walnüsse, Haselnüsse, Erdbeeren und neuerdings auch Kiwis der nach modernsten Gesichtspunkten bewirtschafteten Obstplantagen in den westlicher gelegenen Flußniederungen, und nicht zu vergessen die vielen Geflügelzüchtungen – insbesondere die Gänse und Enten – genießen nur den allerbesten Ruf. So wird auf den Speisekarten der meisten Restaurants und natürlich auch in den Feinkostläden auf die Herkunft Périgord immer ausdrücklich hingewiesen.

Eine Berühmtheit und Delikatesse für alle Feinschmecker rund um den Globus ist die getrüffelte périgordinische Gänsestopfleber, die *foie gras*. Eine Spezialität, für die die auf Gaumenfreuden so versessenen Franzosen einen Batzen Geld ausgeben. Viele Feinschmecker unter ihnen ziehen die nicht ganz so teure Entenleber als etwas herzhafter vor. Einige Périgordgerichte wie *confit d'oie* und *confit de canard, foie gras truffé, patisson* und *cou farci* haben zudem den unschlagbaren Vorteil, gerade als Konserven oder auf andere Weise haltbar gemacht, ihre Geschmacksvollendung zu erreichen. Man bekommt diese Delikatessen im Périgord an jeder Ecke in den entsprechenden Läden, aber auch direkt vom Erzeuger.

Wein und Obst werden im *Périgord noir*, außer für den Eigenbedarf, kaum angebaut. Immerhin liegt das Gebiet im Durchschnitt hundertfünfzig bis dreihundert Meter hoch an der Westflanke der Ausläufer des Zentralmassivs und ist bis spät ins Frühjahr dem Einfall schneidender Nordwinde ausgesetzt. Mit Frösten, die immer wieder die sich gerade öffnenden Knospen erfrieren lassen. Erst weiter westlich, im weniger frostgefährdeten *Périgord pourpre*, gedeihen diese empfindlicheren Pflanzen. Aber auch dort vernichten heftige Frühjahrsfröste immer mal wieder die jungen Blüten.

Für den Eigenverzehr allerdings zieht man überall in den Bauerngärten schmackhafte Äpfel, Birnen, Quitten, Pfirsiche, Pflaumen, Kirschen und sogar die wärmeliebenden Feigen und Kakifrüchte.

Renommierter Weinbau ist also gleich in der Nachbarschaft, im tiefer gelegenen *Périgord pourpre*, bei Bergerac, in Hülle und Fülle anzutreffen. Im vergangenen Jahrhundert, als man bereits große Mengen Wein über See nach England und in die Niederlande exportierte, wurde hier auf damals einhundertzwanzigtausend Hektar Weinanbau betrieben. Nach dem fürchterlichen Vernichtungsfeldzug der aus Amerika eingeschleppten Reblaus Phylloxera schrumpfte diese Fläche auf zwanzigtausend Hektar – immer noch immens groß.

Die Weinberge in den Flußebenen der Dordogne und an den sanft abfallenden Hängen des Urstromtales gehen unmerklich ins Bordeauxgebiet über. Doch immer wieder gibt es auch hier – immerhin doch schon weit über einhundert Kilometer vom *Massiv Central* entfernt – Jahre mit verheerenden Frühjahrsfrösten, die die ganze Mühsal der aufwendigen Winzerarbeit in einer kurzen Nacht zunichte machen können. Jämmerlich, wie verbrannt sehen die Triebe dann anderntags aus. Nur noch wenige Blüten treiben neu, so daß die Erträge nach so einem Frosteinbruch nur noch dürftig sind.

Da die naturgegebenen Voraussetzungen von Bergerac außerordentlich förderlich für den Weinanbau sind, sind die Bergeracweine derzeit immer mehr im Kommen. Zumal man sich vor einiger Zeit fest dazu entschlossen hat – und unbeirrt daran festhält –, nur noch Qualitätsweine zu keltern. Den mittlerweile überbordenden Markt der in großen Mengen produzierten Tafelweine will man getrost anderen Anbietern überlassen.

Der hier gepflegte, nach dem gleichnamigen Schloß benannte Süßwein *Montbazillac* ist längst aus dem Schatten der ihn früher dominierenden Sauternes und Graves des Bordeauxgebietes herausgetreten, ja hat sich mittlerweile sogar zu einem ernstzunehmenden, gehaltvollen Wettbewerber gemausert. Eigentümlicherweise trinkt man diese Süßweine hier zur *foie gras*.

Vor nicht allzu langer Zeit konnte der Wein von Montbazillac auf ungewöhnliche und beeindruckende Weise seine Qualität unter Beweis stellen. Als im Jahre 1749 ein Schiff der Holländisch-Ostindischen Companie auf der Reise von Bordeaux nach Amsterdam in stürmischer See vor einer Sandbank am Ausgang des Ärmelkanals scheiterte, versank mit ihm auch eine Ladung Wein in den aufgewühlten Fluten. 14 Flaschen Montbazillac mit ihrer Anno Domini 1747 eingefangenen Sonne aber überdauerten unversehrt den Schiffbruch. Als holländische Unterwasserarchäologen nun 1985 das Wrack untersuchten, fanden sie auch die im versunkenen Schiffsbauch bereits seit fast zweieinhalb Jahrhunderten lagernden apfelförmigen Weinflaschen unversehrt vor. Die am Meeresgrund konstant herrschenden 10° C, aber auch Luft- und Lichtabschluß hatten diesen fest verkorkten Wein perfekt konserviert. Erwartungsvoll und gespannt, aber auch sehr zögerlich probierten einige handverlesene *taste-vin* von diesem Tropfen. Für die Fachwelt fast unglaublich aber war es, als die wenigen Auserwählten, die sich diese einmalige antike Kostbarkeit genehmigen durften, einmütig feststellten, daß unser Uralt-Montbazillac auffallend dem Jahrgang 1960 ähnelte. Zwar hatte er sich im Laufe der Jahrhunderte bräunlich verfärbt, seinem Geschmack jedoch hatte das überhaupt nicht geschadet. Wenn das keine Qualitätsempfehlung ist!

Anerkannte Lagen wie *Côtes de Bergerac* und *Côtes de Saussi-*

*gnac* sowie auch der herzhafte, vollmundige *Pécharmant,* *Côtes de Montravel* und *Haut Montravel* als besonders klassifizierte AC-Weine *(Apellation Controllée)* sind landesweit als Roter, Weißer und Rosé hoch angesehen und begleiten viele Menüs. Der Pécharmant nimmt unter ihnen derzeit noch eine unangefochtene Führungsposition ein, die er jedoch mehr und mehr gegen die nimmermüde, aufholende Konkurrenz verteidigen muß. Auch der Export all dieser bekömmlichen Spitzengewächse nimmt stetig zu. Mittlerweile sind sie bei jedem profilierten Anbieter in Deutschland zu haben.

Ausgedehnte Weinberge liegen auch nahe der Stadt *Cahors,* nicht weit südlich im sich anschließenden Departement Lot, im Tal des gleichnamigen Flusses und seiner engeren Umgebung. Beide Weinanbaugebiete bringen also hervorragende, bodenständige Tropfen hervor und können nach Meinung vieler Kenner durchaus ihren Nachbarn, den so hochgeschätzten Bordeauxweinen normaler Qualitätsstufen, das Wasser – besser den Wein – reichen.

## *Nachtleben Fehlanzeige*

Das Périgord ist ein Urlaubsland so recht für Erholungssuchende, für Menschen, die die Nähe zur Natur suchen, unverbildete Landschaft schauen wollen und Wandern oder auch nur Spazieren durch weite Eichen- und Hainbuchenwälder als Entspannung empfinden. Ruhe und Gemächlichkeit suchend bei einem Halt am Wegesrain und einem Plausch mit dem Bauern, der den Traktor gerne einen Moment drosselt, um das mühsame Pflügen an schräger Hanglage mit einseitig belasteter Pobacke für eine Weile zu unterbrechen. Von den Einheimischen erfährt man nebenbei viel Wissenswertes. So auch zum Beispiel, wo man die beste Qualität der périgordinischen Delikatessen, auch Honig und all die anderen Leckereien, preiswert einkaufen kann. Gern schildern sie einem Sitten und Gebräuche, auf deren Bewahrung, sie in ihrem abgeschieden gelegenen Landstrich so stolz verweisen.

Urlauber, die allerdings mondänes Bäderflair und elegante Flaniermeilen brauchen oder lebhaftes Nachtleben zur Entspannung benötigen, suchen dieses im Périgord, eben einer typischen Familienurlaubsgegend, vergebens. Wenn auch im Sommer genügend Diskotheken um die Gunst der Jugend buhlen. Dafür gibt es Restaurants aller Preisklassen in Hülle und Fülle, so daß die Auswahl reichlich schwer fällt. Und das bei durchweg hervorragender Qualität und vorwiegend ausgerichtet auf die allseits hochgeschätzte Landesküche. Selbst der einfachste Mittagstisch – man folge zum Beispiel den Schildern *table d'hôte* – verspricht schmackhafte Gerichte und reiche Tafelfreuden auch für den solidesten Esser. Bestens geeignet für Eltern mit Heranwachsenden, bei denen man als ungläubig Zuschauender nie weiß, wo sie all das, was sie da in sich hineinschaufeln, nur lassen! Und kaum ist man vom Tisch aufgestanden, wird wie selbstverständlich schon wieder nach Zeit, Art und Ort der nächsten Mahlzeit gefragt.

Die folgende Erfahrung entspricht dem Menü eines typischen *table d'hôte*, wie es einem vielerorts begegnet. Die Anbieter sind übrigens verpflichtet, die heimischen Zutaten wie frisches Gemüse, Früchte, Obst, Geflügel, Wild, Rind- und Schweinefleisch oder auch Kaninchen ihren Gästen aus eigenem Anbau und Zucht zu servieren. Beginnen wir mit der üblichen Suppe.

*Tourin aux poireaux*

250 g Porree, 100 g Gänseschmalz,
2 l Wasser, 1–2 Knoblauchzehen, 2 Eier,
300 g altbackenes Brot,
Salz und Pfeffer.

Den kleingeschnittenen Porree im Gänseschmalz anschmoren und den kleingehackten Knoblauch unterziehen. Dann Wasser, Salz und Pfeffer dazu. Alles aufkochen lassen und die Suppe ca. 25 Minuten bei mittlerer Hitze kochen. In eine Suppenterrine eine Schicht dünngeschnittene Scheiben Brot geben. Das Eigelb abtrennen, schlagen und in ein wenig Bouillon auflösen. Den Topf vom Herd nehmen und das Eigelb unterrühren. Abschmecken und alles in die vorgewärmte Suppenterrine über die Brotscheiben füllen.

Danach dann das erste Vorgericht, eine nur saisonal mögliche Spezialität:

*Omelette aux boutons de scorsonnère*

Für diese köstliche Omelette werden die Knospen der Schwarzwurzeln geerntet, solange sie noch nicht aufgegangen sind. Eine kleine Handvoll auf 2–3 Eier genügt. Bevor Sie sie in die Omelette geben, eine Stunde in Essigwasser tränken, damit die Knospen ihre Bitterstoffe verlieren. Dann auspressen und bei kleiner Hitze im Gänseschmalz ziehen lassen. Salzen, pfeffern und unter die geschlagenen Eier geben. Die Omelette wie gewöhnlich zubereiten.

Dann schneiden wir uns im dritten Akt feine Streifen vom

*Magret de canard fumé*

In dünngeschnittenen Streifen servieren oder selbst absäbeln und mit etwas Petersilie dekorieren, bis endlich das Hauptgericht auf den Tisch kommt:

*Filet de bœuf sauce Périgueux*

Die Sauce wie üblich zubereiten,
1 kg Rinderfilet (200 g pro Person),
40 g Butter, 100 g gesalzener Speck.

Den Speck bei schwacher Hitze auslassen und dann die Butter hinzugeben. Die Steaks aber bei starker Hitze von beiden Seiten je nach Wunsch 2–3 Minuten scharf braten. Die *Sauce Périgueux* wird separat in einer Sauciere gereicht.

Und als Dessert auch etwas typisch Ländlich-Périgordinisches, einen frischen Pfannkuchen namens

*Pescajoune*

100 g Mehl, 20 cl Milch, 3 Eier, 100 g Zucker,
2 EL Walnußöl, 300 g Äpfel oder Birnen,
1 Päckchen Vanillezucker,
2 cl Zwetschgenwasser, Salz,
Puderzucker zum Bestreuen.

Pfannkuchenteig wie üblich anrühren. Die Früchte schälen, in sehr dünne, schnell garende Scheiben schneiden und zusammen mit dem Zucker, dem Vanillezucker und dem Zwetschgenwasser in den Pfannkuchenteig geben. Die Pfanne gut einfetten und in der heißen Pfanne einen Pfannkuchen von ca. 4 mm Dicke backen. Mit Zucker einpudern und sehr heiß servieren.

Wenn man Glück hat, macht der Bauer anschließend die Runde mit seinem selbstgebrannten, meist sehr hochprozentigen *eau-de-vie de vin*, einem Tresterschnaps, der schnell mal 55 bis 60 »Umdrehungen« hat. Also Vorsicht!
Viele Bauern haben inzwischen den Tourismus als einträgliche Erwerbsquelle für sich entdeckt, vermieten die als *chambres d'hôtes* bezeichneten Gästezimmer und bieten mit den schon genannten *tables d'hôtes* hervorragende, landestypische Küche zu meist erstaunlich niedrigen Preisen bei bewundernswerter Gastlichkeit und Spitzenqualität. Man kennt sein Landesrenommee und will ihm unbedingt gerecht werden, wenn nicht sogar es noch überbieten. Einige vermieten nicht nur Zimmer, sondern stellen auch Gelände für das *camping à la ferme* mit den staatlich geforderten entsprechenden Sanitäreinrichtungen zur Verfügung. Diese Areale liegen oft landschaftlich besonders reizvoll und idyllisch. Viele locken sogar schon mit Swimmingpools. Hinweisschilder finden sich in der ganzen Region.

## Mutter Natur

Aber diese prallvolle, kraftstrotzende Natur hat auch ihre kleinen Tücken, wie beispielsweise das Grindkraut (franz. *scabieuse*, im Périgord auch *scarabie* genannt), die Raupen des Prozessionsspinners und die sommerliche Erntekrätze. Mancherorts trifft man – sehr vereinzelt – auch auf Zecken. Bis auf die *scabieuse*, ein sattgelb blühendes, hochwachsendes Kraut, das man, ähnlich den Brennesseln, nicht anfassen sollte, denn die Berührung mit empfindlicher Haut führt zu Bläschen, sind die anderen Plagegeister auch bei uns bekannt. Nicht weiter gefährlich, aber eben lästig. Doch wer faßt schon die puscheligen Raupen des Prozessionsspinners an, die – nur im Frühjahr gibt es sie – aus ihren weißen Nestgespinsten, in denen sie hoch droben in den Wipfeln der Pinien überwintert haben, im Gänsemarsch die Baumstämme herab auf die Erde kriechen, sich dort eingraben, verpuppen und einer neuen Generation dieser Schadinsekten auf die Welt verhelfen. Bei Berührung brechen die mit mikroskopisch kleinen Widerhäkchen versehenen Härchen ab und können zu Hautreizungen führen. Schon ein wenig Salbe jedoch verhindert Ausschlag und Jucken. Besser aber gar nicht erst anfassen.

Die Angst vor Zecken ist sicher maßlos übertrieben, denn nur ganz wenige übertragen dem Menschen gesundheitsschädliche Keime. Und längst nicht jeder ist anfällig. Am besten schützt man sich, wenn man nach dem Lagern im Gras oder dem Durchstreifen der Wälder die Haut absucht und die teils winzigen Viecher sofort abnimmt. Sie haben sich dann meist noch nicht festgebissen. Wenn doch, löse man sie vorsichtig ab. Am besten vorher mit Alkohol betupfen. Aber nicht zu großzügig; es wäre doch schade um den schönen *Cognac* oder *Calvados* oder welcher Branntwein auch immer, den man lieber über die Zunge laufen lassen sollte. Die Apotheken bieten auch Mittel, um die Haut vorbeugend einzureiben und Bisse abheilen zu lassen.

Die in Frankreich in heißen Augustmonaten auftretenden

und deshalb *aoûta* genannten Grasmilben (das in Deutschland als Erntekrätze bekannte Jucken) sind da schon lästiger, wenn auch überhaupt nicht gefährlich. Besonders an den Fußgelenken, ihrer Angriffshöhe, sind sie zu spüren. Jede Apotheke hat beste und sofort wirksame Gegenmittel.

# Sehenswertes zuhauf

## *Bilderbogen*

Es gibt sicher nur wenige Landstriche auf dem weiten Erdenrund, die auf so relativ kleinem, eng umgrenztem Raum derart abwechslungsreiche Landschaften, einmalig attraktive Sehenswürdigkeiten mit Prädikat und vieles Interessante zu bieten haben, wie das im Périgord noir der Fall ist. Landschaften, an denen sich der Betrachter, ungestört von Industrien und anderen das Auge beleidigende Bauten, erfreuen kann. Berg und Tal nach jeder Kurve, jedem Hügel, jeder vorher verstellten Sicht, sich neu und immer wieder in anderen Facetten darbietend. Eigentlich nie das gleiche Bild, wenn auch in den Grundzügen ständig als Périgord erkennbar. Landschaften, die durch ihre hohen, gewaltig beeindruckenden Felskliffs geprägt sind, durch die noch unbegradigt dahinmäandernden Flüsse und die dicht belaubten Bergwälder, die die meisten Flanken und Kuppen bedecken. Kahlschläge sind zum Glück recht selten. Wiederaufforsten ist heutzutage Pflicht und wird auch durchgesetzt.

Zum anderen von Menschenhand erschaffene, sehenswerte und anheimelnde, fast vergessene Landstädte, zurückgezogene Dörfer, abseits gelegene, einsame Weiler, herrschaftliche und auch bescheidenere Schlösser, verteidigungsstarke, martialische Kastelle, drohende, ehemals ihr Umland beherrschende Wehrburgen und Wehrkirchen, wie sie das ewig kriegsüberzogene Europa so unversehrt, so zahlreich auf engem Raum nur selten bietet.

Hier, wo einst an den Ufern der Dordogne die Grenze zwischen den englischen Territorialforderungen und den Ansprüchen der französischen Krone verlief. Engländer und Franzosen standen sich im Hundertjährigen Krieg abwehrbereit gegenüber und rüsteten schon damals um die Wette. Bauten die Engländer ein Kastell am Südufer, errichteten die Franzosen zur Gegenwehr fast in Rufweite eine ihrer Burgen. So zu sehen in Beynac, in Gageac und dem gegenüberliegenden Ort Castelnaud. Mittelalterliches Wettrüsten unserer Altvorderen – SS 20 gegen Marschflugkörper auf antik.

Manch ein an exponierter Stelle hoch oben auf den Hügelkuppen thronender Wasserturm, ein *château d'eau*, verschandelt zwar mit seiner modernistischen Zwecksilhouette die Landschaft, aber er ist zugleich auch markanter Orientierungspunkt für Ortsunkundige. Einige »Ausrutscher« kann das Auge dann schon vertragen.

Unsere beiden Freunde, Tom und Regine, die das Périgord ebenfalls zugvogelgleich vereinnahmt hat, haben sich in einer unterhalb eines solchen Monstrums gelegenen alten *fermette* ihr Refugium geschaffen. Zwar schreckt von dort oben ein solch ominöser Wasserturm die Anreisenden; sie schätzen ihn aber als über allem thronenden Anlaufpunkt, den sie wie einen unverfehlbaren Wegweiser schon meilenweit vorher ausmachen können. Man wird die beiden also immer finden. Und einmal hier oben angelangt, ist das störende Bauwerk dann auch nicht mehr zu sehen; es bleibt fast wie weggezaubert im Rücken des Anwesens allen Blicken verborgen. Da solche Wasserspender immer auf den höchsten Gipfeln erbaut werden, genießen unsere

Wahlpérigordiner weit und breit das wohl eindrucksvollste und niemals zu verbauende Panorama eines waldigen Périgord-Hügellandes. Allerdings, wenn Schlechtwetter aufzieht, bläst es hier droben auch schon mal ganz schön heftig. Und bisweilen kann man von dieser hochgelegenen Warte aus fasziniert wie auf einer Bühne die in der Ferne aus drohenden Wolken zuckenden Blitze sich entladender Gewitterfronten gebannt verfolgen. Ein Logensitz vor den entfesselten Naturgewalten eines Infernos zwischen Himmel und Erde – schaudernd und imponierend zugleich.

Die Kantonshauptstadt Sarlat ist ein Juwel mittelalterlicher Baukunst, auch wenn zu Beginn unseres Jahrhunderts, als noch kein Verständnis für das Bewahren historischer Stadtanlagen und Bauten entwickelt war, eine schnurgerade Hauptstraße wie ein Schwerthieb rücksichtslos durch ihr Inneres getrieben wurde. Rechts und links von dieser brutalen Traverse jedoch fühlt man sich unverhofft ins Mittelalter zurückversetzt. Klotzige Mauern umschließen schmale, eng aneinandergeschmiegte, mehrgeschossige Häuser mit kleinen Innenhöfen, in die kaum ein Sonnenstrahl dringt. Massive Bogendurchlässe verbinden die winkligen Gassen, die versteckt liegenden Hauseingänge und winzigen, sich teils aneinanderreihenden Plätze. Seit Jahrhunderten hat niemand an diese stabil wie für die Ewigkeit errichteten Massivhäuser mit ihren meterdicken Mauern gerührt. Und glücklicherweise sind sie auch von den kriegerischen Auseinandersetzungen der jüngsten Vergangenheit verschont geblieben. So haben wir einen unverfälschten Einblick in die damalige Wohnwelt.

Schwärmer, besonders solche, die meinen, früher sei alles viel besser gewesen, sollten aber auch mal darüber nachdenken, daß die Bewohner in diesen Zeiten ihren Müll, einschließlich der Fäkalien, einfach vor die Tür kippten. Später gab es dann schon mal Plumpsklos – auf halber Treppe oder im Hof. Und das Parfüm – wer weiß das schon – wurde im Rokoko doch nur aus mangelnder Hygiene erfunden! Man roch stärker als erträglich, die deftigen Körpergerüche beleidigten sogar die damals gar nicht so empfindlichen Nasen so nachhaltig, daß man alles mit eleganten Düften überlagern mußte. Wem fällt denn schon auf, und welcher Fremdenführer weist uns auch darauf hin, daß die meisten Schlösser dieser Zeit nur wenige Abtritte hatten? Aber genügend Ecken und Winkel, seine Notdurft unter weiten Mänteln und bauschigen Röcken zu verrichten. Kein schönes Thema, aber auch ein immer gern ignorierter Teil unserer so hochgelobten Kulturgeschichte und ihrer früheren Zivilisationsstadien, in denen auch nur der leiseste Anflug von Hygiene – obwohl ein antikes Idiom und aus dem Griechischen stammend – noch völlig unbekannt war. Baden galt zeitweise sogar als ekelerregend, ja sogar als gesundheitsgefährdend. So ändern sich die Zeiten!

Das heute noch in seiner Bausubstanz rein mittelalterliche Domme mit seiner gut erhaltenen Stadtmauer und den engen, wehrhaften Stadttoren thront in alter gallischer Manier für frühere Zeiten uneinnehmbar auf einer riesigen Bergkuppe hoch oben über dem Dordognetal. Von hier genießt man einen wunderschönen, weit ins Land schweifenden Ausblick auf die gegenüber in der Ferne steinhell aufleuchtenden Felswände, auf die reizvollen Flußauen der tief unten vorbeiziehenden Dordogne, auf Felder, Wiesen und Galeriewälder an ihren Ufern unter diesem steil, fast ins Bodenlose abfallenden Felskliff. Am Marktplatz führen Louis und Christine ihr reizendes, kleines Antiquitätengeschäft, das in den Sommermonaten immer gut frequentiert ist. Nur sei die Saison doch viel zu kurz, klagen die beiden berechtigterweise immer wieder. Wegziehen aber wollen sie auf keinen Fall.

Viele Dörfer haben ihren mittelalterlichen Charme fast unbeschadet in das Heute hinüberretten können. Immer wieder steht man staunend und beeindruckt vor diesen uralten, unversehrten Fassaden mit dem warmgelben Steinton der hier gebrochenen Felsen. Domme, La Roque-Gageac, Beynac und etliche andere dieser unverfälschten, liebevoll und detailgetreu restaurierten Orte tragen auf unter den Ortsschildern angebrachten, offiziellen Plaketten das ehrenvolle Prädikat: *Un des plus beaux villages de France*[*]. Ihre kraftvolle Ursprünglichkeit, das Unverfälschte ihrer Bauweise dient heutzutage hin und wieder den Filmschaffenden als willkommene, naturgegebene Drehkulissen für ihre in Degenzeiten spielenden Fechtwerke. Die Musketiere des Königs lassen grüßen.

Noch recht urig erscheinend, sind auch fast alle neuen Bauten stilistisch sehr getreu im hiesigen landestypischen und unverwechselbaren Périgord-Baustil ausgeführt. Immer auch den gelbbraunen Steinton wahrend und mit meist recht steilen Dächern. Die Behörden achten streng auf Einhaltung dieser Stilvorgaben. Die extrem steilen Dachstühle und das Fachwerk bestehen aus nur roh behauenem Stammholz der unerschöpflich erscheinenden Wälder ringsum. Die auch in normalen Häusern klassischer Bauweise bis zu einem Meter starken Mauern sind ebenfalls aus nur roh behauenem Fels aufgemauert, oft noch mit dem althergebrachten Bindemittel Lehm und nur grob gefugt. Kleingehaltene Türen und Fenster sollten vor Hitze und Kälte schützen und das Innenklima bewahren. Zudem waren die Menschen früher deutlich kleinwüchsiger. Das gibt allem

[*] Eines der schönsten Dörfer Frankreichs

den ungekünstelten Anstrich des Natürlichen, des harmonischen Eingebettetseins ins Bild des Périgord. Reizvoll unauffällig und wie gemacht für diese Gegend, wirken insbesondere die älteren Bauwerke so einbezogen in die Berge und Täler, als hätten begabte Steinmetze sie mühevoll und mit Liebe zum Detail direkt aus der Landschaft herausgemeißelt.

Eigentümliche, spitzgieblige Bauten grüßen von den Felsüberhängen herab – einfach nur Halbhäuser, deren Vorderfronten direkt unter die Felsüberhänge gebaut sind, so daß die rückwärtige Dachpartie vom Berg gebildet wird. Allerdings muß vor die auch in der heißen Jahreszeit immer ein wenig nasse Felswand eine feuchtigkeitsisolierende Wand gesetzt werden. Sparsamer kann man sein Haus kaum noch errichten. Aus dem gleichen Stein wie der Fels, bilden diese Bauwerke eine ineinanderfließende Einheit mit der umgebenden Natur.

Aufsteigende Rauchsäulen und die Holzteerfahnen an den Felsen über den Schornsteinen lassen erkennen, daß diese eigenwilligen Häuser immer noch bewohnt sind. Ein herrlicher Duft nach verbranntem Holz durchweht besonders in den kühleren Jahreszeiten die Luft und läßt uns unwillkürlich an gemütliche Kaminstunden daheim mit warm flackernden Scheiten denken. Und wer das Glück hat, unverhofft einen Blick in das Innere eines solchen Hauses werfen zu können, wird sogar sehen, daß einige Hausfrauen manchmal noch auf herkömmliche Weise im Kamin brutzeln. Mehr aus Freude an der Tradition werden im Winter die berühmten Périgordiner Suppen in eisernen Kesseln, den dreibeinigen *marmites*, über offenem Feuer im Kamin zubereitet.

Schaut man auf die Felshänge über den Hausdächern, entdeckt man ein bis zwei Meter über diesen Halbdächern angesetzte, horizontal verlaufende Simse oder in den Stein gemeißelte, die Dachflucht parallel begleitende Kerben. Sie bezwecken, daß an diesen Kanten der am Kliff niederrinnende Regen schon dort oben abgeleitet wird, bevor er die Wand weiter hinablaufen und in den rückwärtigen, hinteren Teil des Hauses eindringen könnte. Ganz einfach gemacht und wirkungsvoll im Resultat.

Die Dächer sind entweder mit schwergewichtigen, unförmigen Naturfelsplatten, die hier *lauzes* genannt werden, oder mit flachen, schindelartigen Ziegelpfannen eingedeckt. So ein *lauzes*gedecktes Dach kann bis zu einer Tonne pro Quadratmeter wiegen und bedarf demzufolge eines gewaltig robusten und damit auch recht aufwendigen und teuren Dachstuhls. Solche kostspieligen Dächer werden daher immer seltener. Winzige Belüftungsgauben zieren wie kleine, aufsitzende Reiter die steilen Dachschrägen. An den Giebelseiten fallen bisweilen kleine Öffnungen auf. Das waren ursprünglich die Fluglöcher der Taubenschläge. Tauben bereicherten nicht nur als willkommenes Geflügel den Speisezettel. Auch ihren sehr stickstoffhaltigen Kot streute man als willkommenen und außerordentlich wachstumsfördernden Dünger in die Küchengärten.

Unser Nachbar, Guillaume, den wir einmal fragten, warum er immer nur Hoftauben und nie Brieftauben züchte, schaute uns daraufhin erstaunt und ziemlich verständnislos an. Brieftauben seien wohl etwas für Bergleute und Städter, die sich damit amüsieren wollen, aber dazu habe ein Bauer wie er wirklich keine Zeit. Seine Tauben sollten die Zunge erfreuen. Und Brieftauben seien doch viel zu zäh. Da wir aber gerade darüber sprächen, seine Jungtauben seien jetzt richtig schön im Fleisch und er wolle uns, wenn es uns Freude bereite, am kommenden Sonnabend gern zu einem Taubenessen einladen. Wir hätten doch bestimmt Zeit zu

110

kommen. Aber möglichst früh, denn wir wollten uns vorher noch ausgiebig mit einem Aperitif zuprosten. Welch eine Frage! Ein Essen bei Guillaume und seiner Fabienne ist immer ein freudiger Schmaus und ein Erlebnis der Sonderklasse, denn die beiden sind von unbeschreiblicher Lebenslust, strahlen Freude aus, liefern zu allem und jedem lustige Bemerkungen und haben ständig den Schalk im Nacken. Ihrer beider Lachfältchen in den Augenwinkeln sind nicht zu übersehen. Wir haben bei ihnen noch an keinem Essen teilgenommen, bei dem nicht ständig gewitzelt, gelacht und im Anschluß dann die *labourée* getanzt wurde. Der hier heimische Volkstanz, der mit einfachen Schritten und Sich-umeinander-drehen auch den ärgsten Tanzmuffel anmacht und vom Hocker zieht. Als wir ihm sagten, daß wir ab sofort voll Ungeduld auf den kommenden Schmaus lauern und bis dahin nun fasten würden, grinste er breit vor Genugtuung. Gefragt nach dem Anlaß der Einladung, erklärte er kurz und bündig, die Tauben seien eben schlachtreif. Er werde sie morgen früh schon vorbereiten, denn es sei besser, das Fleisch vorher einen Tag und eine Nacht in einer besonderen Marinade ziehen zu lassen. Dann schilderte er uns erst einmal lang und breit diese Marinade und wie seine Frau das zarte Junggeflügel für uns zubereiten werde:

### Marinade Fabienne

1½ Flaschen weißer Bergerac (trocken),
1 Gewürzsträußchen, 5 zerdrückte Wacholderbeeren,
Salz und Pfeffer.

Die Täubchen 24 Stunden in der Marinade ziehen lassen. Damit sie gleichmäßig beizen, mehrmals wenden.

Dazu gäbe es tiefgefrorene Steinpilze vom letzten Herbst, die seine Frau vor dem Einfrieren immer kurz blanchiere. Sie schmecken so frisch, als wären sie gestern gesammelt worden.

### Cèpes à la bordelaise

18 mittelgroße, feste Steinpilze,
1 cl Olivenöl, 3 Knoblauchzehen,
4–5 Schalotten, Petersilie.

Pilze gut säubern, aber nicht wässern. Die Hüte von den Stielen trennen und 5 Minuten bei starker Hitze im heißen Olivenöl dünsten. Bei geringer Hitze so lange weiter ziehen lassen, bis sie gar sind. Anschließend die kleingeschnittenen Stiele mit den gehackten Schalotten, Knoblauch und Petersilie separat garen. Salzen, pfeffern und dann mit den vorbereiteten Hüten vermischen.

Aber – Fabienne hat sich noch nicht entschieden, welches Rezept sie uns servieren wird – wir könnten auch noch Bodenständiges wählen:

### Cèpes du Périgord

500 g mittelgroße Steinpilze, 200 g Mett,
100 g Gänseschmalz, 4–6 Tomaten,
1 Scheibe roher Schinken (Landesprodukt),

2–3 Knoblauchzehen, 1 kl. Bund Petersilie,
1 Ei, 200 g altbackenes Brot,
Salz und Pfeffer.

Hüte ebenfalls von den Stielen trennen. Aus den kleingehackten Stielen, dem Mett, Schinken, Knoblauch, Petersilie,
Ei und dem in Milch eingeweichten Brot eine Füllung
zubereiten; salzen, pfeffern. Anschließend in Gänseschmalz
garen. Die Pilzhüte werden separat ebenfalls in Gänseschmalz goldgelb gebraten, dann mit der vorbereiteten Füllung bedeckt und auf einer Platte bei mittlerer Hitze 45
Minuten lang im vorgeheizten Backofen fertig gegart. Zur
Hälfte der Garzeit die geschälten Tomaten dazugeben.

Gefragt, welches Rezept wir denn nun vorziehen würden,
votierten wir als bekennende Lokalpatrioten natürlich für
die périgordinische Version. Doch vorab natürlich die im
Périgord unverzichtbare Suppe. Diese sehr landestypische
Knoblauchsuppe ist das absolute Nationalgericht eigentlich
des gesamten Südwestens.

### Tourin à l'ail

12 Knoblauchzehen, 100 g Gänseschmalz,
2 Eier, 300 g altbackenes Brot,
100 g Gruyère, 1 Bund Suppengrün,
2 l Wasser, Salz und Pfeffer.

Die gehackten Knoblauchzehen in einer Pfanne goldgelb
dünsten. Mit dem kochenden Wasser aufgießen, das Suppengrün zugeben, salzen, pfeffern und 25 Minuten kochen
lassen. Das in dünne Scheiben geschnittene Brot und den

geriebenen Gruyère abwechselnd Schicht um Schicht in eine Suppenschüssel geben. Sodann das vom Eiweiß getrennte Eigelb schlagen und in ein wenig Bouillon auflösen. Den Topf vom Herd nehmen und das Eigelb darunterrühren, abschmecken, nachwürzen und in die präparierte Suppenschüssel füllen.

Die Beilagen zu den Täubchen stammten ebenfalls aus heimischen Gefilden.

### Marrons aux feuilles de figuier

1 kg geschälte Maronen (tiefgefroren oder Konserve), Feigenblätter, 1 Rübe *(navet)*, Salz.

Den Topf mit Feigenblättern auskleiden. Die Edelkastanien hineingeben, mit Wasser auffüllen, leicht salzen und mit den Rübenscheiben abdecken. 30 Minuten bei mittlerer Hitze kochen, herausnehmen und in heißem Entenschmalz wenden.

Ob für jeden von uns zwei oder besser drei Täubchen genug seien, wollte er wissen. Als wir abwehrten und meinten, zwei seien wirklich ausreichend und Ute sei auch mit einem schon gut bedient, schaute er sehr skeptisch drein und erkundigte sich zweifelnd, ob wir denn keine Tauben mögen? Seine seien doch besonders zart und bei Fabiennes Zubereitung ein Gaumenschmaus.
Es ist hier immer dasselbe, in Essensangelegenheiten darf man im Périgord überhaupt nicht bescheiden sein, weder was den Geschmack betrifft noch die Menge. Es glaubt einem einfach niemand. Die Zubereitungsart habe seine

Frau von ihrer Großtante gelernt, und die sei eine der geachtetsten Köchinnen aller Dörfer ringsum. Wir würden die Dame sogar kennen, sie sei die temperamentvolle, lebhaft gestikulierende Frau, mit der er uns neulich auf dem Markt in St. Cyprien bekannt gemacht habe. Nach allem scheint diese Familie also besonders mit Witz, Humor und Lebensfreude, aber auch Kochkünsten gesegnet zu sein. Ihr Rezept ist wirklich ein Vergnügen.

### Pigeons forestiers

6 Täubchen, 200 g *foie gras mi-cuit*, 1 Zwiebel,
1 Gewürzsträußchen, 2 kleingehackte Trüffeln,
50 g Butter, 1 Flasche Pécharmant,
500 g Geflügelleber, 1 Karotte,
2 cl Zwetschgenwasser,
25 cl Geflügelbouillon, Salz, Pfeffer.

Die Füllung wie folgt zubereiten: Die *foie gras*, die Geflügelleber, Trüffeln, Zwetschgenwasser, Salz und Pfeffer gut miteinander vermengen und in die Täubchen füllen. Gut verschließen.
In einer Schmorpfanne die Butter zerlassen und die Täubchen von allen Seiten goldgelb anbraten. Die Karotte und die Zwiebel in feine Scheiben schneiden und zusammen mit dem Gewürzsträußchen in den Bratenfond geben. Salzen und pfeffern. Dann zudecken und im vorgeheizten Backofen ca. 20 Minuten bei starker Hitze braten. Die Täubchen herausnehmen, das Band entfernen und warm stellen.
Bratfett abschöpfen, mit dem Rotwein und der Bouillon ablöschen. Mit Pfeffer und Salz abschmecken. Vor dem Servieren auf ca. zwei Drittel einkochen.

Und zum Abschluß ihr vielgelobter, ganz typischer

*Clafoutis du Périgord*

750 g frische Früchte der Saison
(Fabienne servierte uns Kiwis von der Plantage
ihres Bruders), 4 Eier, ¼ l Milch, 5 EL Mehl,
5 EL Zucker, 50 g Butter, 1 Päckchen Backpulver,
2 cl *eau-de-vie de vin* (Tresterschnaps)

Die Eier mit dem Mehl vermischen, die Milch nach und nach dazugeben und glattrühren. Die weiche Butter, das Backpulver und den Schnaps hinzufügen und alles gut durcharbeiten. In eine gebutterte und gemehlte, flache Kuchenform (Ø ca. 30 cm) füllen. Die Kiwis (oder andere Früchte der Saison) dazugeben und alles bei starker Hitze 40 Minuten im vorgeheizten Ofen backen. Ein *clafoutis* kann warm oder kalt gegessen werden.

Er habe zwar noch viele feurige Flaschen Bordeaux im Keller, aber der Cousin aus Bergerac bringe von einem dortigen Winzer, mit dem er eng befreundet sei, einige kraftvolle Flaschen Pécharmant mit. Mit uns seien wir dann alle zusammen zwölf Personen am Tisch. Das würde doch eine nette Runde, ein Riesenschmaus und ein tolles Vergnügen sein. Und so kam es dann auch – vom Aperitif über das Dessert bis hin zum Tanz. Als wir endlich aufbrachen, war Mitternacht war schon längst vorbei!

# Speisen am Kamin

Der Ruf des kulinarischen Périgord, insbesondere der teuren Delikatessen, macht es in den Augen der Welt zu einem wohlhabenden Landstrich. Doch das trügt. Vielleicht mag das heute – in bescheidenen Maßen – allmählich zutreffen. Doch in alten Zeiten galt es eher als arme Hinterwäldlerprovinz. Obwohl berühmt und geachtet wegen seiner schon immer kostbaren Trüffeln und der raffinierten Küche, war das Périgord dennoch nie ein reicher Landstrich. Die Menschen waren in alten Zeiten hier keineswegs auf Rosen gebettet, hatten den auch anderswo verlangten Fron für den Adel abzuleisten und den damals mit Ochs und Esel nur mühevoll zu bearbeitenden, schweren Böden das notwendige Brot abzuringen. Eher Armut herrschte also vor. Das wird sich mit dem jetzt einsetzenden Tourismus zum Besseren wenden.

Kleine, nicht besonders ertragreiche Bauernhöfe waren und sind immer noch die Regel. Viele junge Leute verlassen deshalb ihre Dörfer, die ihnen wenige Perspektiven bieten können, und gehen auf Arbeitssuche in die großen Städte. Arbeitsplätze in der Tourismusbranche stehen zwar viele zur Verfügung. Doch die maximal vier Monate dauernde Saison ist leider viel zu kurz, um als auskömmliche Lebensgrundlage dienen zu können. Sie ist also mehr Nebenerwerb. Etliche gehen auch zum Militär, in dem die Périgordiner seit jeher einen überproportionalen Anteil Soldaten stellen. So entvölkerte sich das Land, die Altbauten leerten sich, und vieles war gezwungenermaßen nach und nach dem Verfall preisgegeben.

Doch Licht und Schatten liegen nahe beieinander, und mit dem einsetzenden Tourismus und dem Wunsch Auswärtiger, sich in dieser schönen Gegend niederzulassen, kam auch die Rettung für die immer mehr verfallende historische Bausubstanz der bäuerlich geprägten Siedlungen und Strukturen: Umgebaut in Wochenendhäuser, Ferien- und Alterssitze, Hotels, Restaurants und andere Gebäude, dienen sie in neuen Funktionen heutzutage der sogenannten weißen Industrie.

Eine Einheimische hat ein solches Gehöft, eigentlich eine alte, vorher kaum beachtete Scheune, in ein urgemütliches, winziges Restaurant umgestaltet. Die gemauerten Felssteinwände sind nur grob verfugt, eine Dekorationsform, die weitverbreitet ist und in Frankreich *pierres apparentes* genannt wird. Das *lauze*gedeckte Dach mit dem fast kunsthandwerklich anmutenden Dachstuhl nach oben zum First hin offen, so daß die Balken und Bauholzteile sichtbar sind. Der Fußboden bedeckt mit lebhaft rustikalen Terrakottafliesen. Alles hat möglichst original belassen zu sein, soweit das eben geht, und trotzdem praktisch genug, um nun einem zeitgemäßen Verwendungszweck zugeführt zu werden. Der bestens gelungene Wiederaufbau eines alten Gemäuers in historischem und dennoch neuem Gewand mit einem stilvollen Interieur stellt den Rahmen für ihr uriges Restaurant. Eine Augenweide für jeden Denkmalschützer. Das Mobiliar getreu dem Landesstil, mit einem dominierenden, riesigen Büfett im hier heimischen Nußbaumholz, aus dem die meisten Périgordmöbel im Land der Walnuß getischlert sind. Der gewaltige Schrank nimmt alle nötigen Gegenstände auf – vom Besteck über das Geschirr, die Tischwäsche und Gläser bis hin zur Bar und natürlich den Rotwein.

Passend hat sie ihr heimeliges Restaurant périgordinisch *lo cantou* getauft, was im Französischen *la cheminée* und zu deutsch Kamin heißt. Chantale, eine geborene Périgordinerin mit Leib und Seele, die einige Jahre im turbulenten

Paris die Gastronomie von der Pike auf erlernte, hat es sich zur selbstgestellten Aufgabe gemacht, die Tradition in ihrem nur maximal achtzehn Personen aufnehmenden Lokal hochzuhalten. Es ist mehr als sehenswert, wie sie vor den Augen ihrer Gäste die Speisen ganz original nach Urvätersitte, besser Urmüttersitte, zubereitet. Chantale kocht alle ihre Speisen gänzlich ohne Kochherd, sie hantiert mit kleineren und größeren Tiegeln, Pfannen und Töpfen, Dreibeinen und Rosten über offener Flamme am Holzfeuer eines – in klassischen Périgordhäusern immer riesigen – Kamins. Diese Kamine sind so gewaltig, daß die Altvorderen in der Winterszeit auf kleinen Bänken an den Seiten am Feuer sitzen konnten, um zum Beispiel die im Herbst geernteten Walnüsse zu verarbeiten.

Chantale praktiziert hier altes Brauchtum mit dieser noch vor nicht allzulanger Zeit zur Jahrhundertwende täglich geübten Küchenpraxis. Eine penibel, nur schwierig zu handhabende Kochkunst, zu der es ungeheuer viel Erfahrung und Fingerspitzengefühl bedarf. Längst verlorengegangenes Wissen und Erkenntnisse sind dabei zu beherzigen. Chantale hat schon als kleines Mädchen der Großmutter bei diesem traditionellen Brutzeln zugeschaut und ist ihr dabei zur Hand gegangen. So beherrscht sie diese knifflige Form der Speisebereitung perfekt und bewahrt durch ihr Engagement eine aussterbende Kochkunst vor dem Vergessen.

Der leicht zu regulierende Elektroherd oder die da immerhin noch naturnähere Gasflamme haben die komplizierten Kochtechniken über offenem Feuer inzwischen längst aus dem Felde geschlagen. Ungeübte vermögen überhaupt nicht mehr durch Schüren der Flammen die Regulierung der jeweils erforderlichen Hitze zu steuern. Wir sind nur noch in der Lage, genau nach Gebrauchsanweisung den

Knopf am Elektro- oder Gasherd zu drehen, bestenfalls ein dekoratives Kaminfeuer in Gang zu halten. All das wurde uns noch bewußter, als sie uns spaßeshalber einmal an ihren Kochkamin rief, um doch mal mitzumachen. Das ging dann auch gründlich in die Hose, denn entweder wurde nichts gar oder alles brannte auf Anhieb an. Unsere Bewunderung für ihre Kochkunst wuchs damit natürlich um so mehr.

Bei ihrer konservativen Kochtechnik, die eigentlich schon jenseits jeder Rentabilität liegt und nur Ambitionierten mit gleicher Lebenseinstellung vergönnt ist, ist es nicht möglich, unterschiedliche Gerichte zur gleichen Zeit zuzubereiten. Und so haben sich die Gäste dieser Köchin aus Passion in der Zusammenstellung des Menüs und im Zeittakt ihr anzuschließen. Gern ordnet sich jeder, der diesem Geheimtip folgt, unter, denn alles, was Chantale in ihrem Kamin zaubert, ist ein Hochgenuß. Es ist ein Erlebnis, bei der Zubereitung dabeisein zu dürfen. Man geht nicht nur zum Essen hierher, man kommt auch zum Schauen – und muß Zeit, viel Zeit mitbringen. Ihr Starmenü ist – wie sollte es anders sein – eine Speiseabfolge einheimischer Spitzengerichte. Ein Essen, das auch nach langen Jahren immer noch die kulinarischen Phantasien beflügelt. Vorab ein Aperitif, der zwar auch im Périgord getrunken wird, aber seine eigentliche Heimat im südlich angrenzenden Departement Lot hat. Der *Ratafia* ist sozusagen das Pendant zum *Pineau des Charentes*, einem Likörwein aus der Charente.

### Ratafia

3 l unvergorener Traubensaft,
1 l Tresterschnaps *(eau-de-vie de vin)*, 300 g Zucker.

Den Zucker im Traubensaft auflösen und mit dem Schnaps mischen. Dann mindestens ein Jahr lang gut verkorkt im Keller ruhen lassen. Die Winzer lassen diesen weit verbreiteten Aperitif in Eichenfässern altern.

Wie üblich steigen wir ein mit einer gepflegten Périgordiner Suppe.

### *Tourin périgourdin*

200 g Knoblauch, 5 cl Gänseschmalz, 3 Eier,
50 g Mehl, 300 g Weizenbrot, 1½ l Wasser,
1 Schuß Weinessig, Salz, Pfeffer.

Die Eier trennen. Den Knoblauch fein hacken, jedoch auf keinen Fall in der Knoblauchpresse zerdrücken. In einem Topf mit dem Gänseschmalz bei schwacher Hitze erhitzen und das Mehl darüberstäuben, bis alles die Farbe hellen Cognacs angenommen hat. In einem separaten Topf das Wasser aufkochen und dann dazugeben. 5 Minuten kochen lassen und vom Herd nehmen. Erst dann das Eiweiß darunterziehen. Das Eigelb mit einem Schuß Essig schlagen und erst kurz vor dem Servieren unter die Suppe ziehen. Aus dem Brot Croûtons machen und zur Suppe reichen. Ein *tourin* darf beim Aufwärmen keinesfalls aufkochen.

In den letzten Jahren kam dieses Vorgericht immer mehr in Mode, es ist leicht und sehr schmackhaft:

*Salade de gésier*

2 Köpfe Salat, 250 g eingemachte Entenmägen,
Salatsauce auf der Basis Essig und Öl.

Die Salatsauce in eine Schüssel geben. Den gut abgetropf-
ten Salat (am besten in einer Salatschleuder trockenge-
schleudert) auf die Vinaigrette geben. Dann die Entenmägen in feine Scheiben schneiden und im eigenen Fett in
einer Pfanne goldgelb anbraten. Anschließend diese heißen
Scheiben auf den Blattsalat geben, unterheben und sofort
servieren.

Das Hauptgericht ist gewissermaßen ein Geflügelsteak.

*Magret de carnard*

4–6 *magrets* (Brustfleischteile der Barbierente),
1 EL Entenschmalz, Salz und Pfeffer.

Gut pfeffern. In erhitzter Pfanne 5–7 Minuten von der fetten
Seite und 3 Minuten von der mageren Seite braten. Erst
salzen, nachdem sie fertig sind. In dünne Scheiben schneiden und servieren.

Echt périgordinisch wählt Chantale hierzu als Beilage die
landestypischen

*Pommes de terre sarladaises*

1,2 kg Kartoffeln, 800 g Steinpilze,
100 g Trüffel, 150 g Gänseschmalz, 40 g Knoblauch,
1 EL feingehackte Petersilie, Salz und Pfeffer.

Die in Stücke geschnittenen Steinpilze mit ca. 20 g Gänseschmalz bei schwacher Hitze so lange anbraten, bis die
Flüssigkeit verdampft ist. Dann nochmals 30 g Gänseschmalz zugeben und schön durchbraten. Die rohen Kartoffeln in dünne Scheiben schneiden und in einer zweiten
Pfanne mit dem restlichen Gänseschmalz – Pfeffer und Salz
nicht vergessen – goldgelb braten. Danach den kleingehackten Knoblauch und die Steinpilze unterziehen. Erst zum
Schluß die feingeschnittene Trüffel dazugeben, alles gut
mischen und zusammen noch ca. 10 Minuten fertigbraten.

Es folgt *Fromage cabecou périgourdin*, und zum krönenden
Abschluß gibt es den allerorts beliebten

*Gâteau aux noix*

225 g Mehl, 100 g weiche Butter, 50 g Zucker,
1 Eigelb, 1 Prise Salz, 200 g gemahlene Walnüsse,
25 cl Crème fraîche, ½ TL Vanilleextrakt,
150 g Zucker, 2 steifgeschlagene Eiweiß,
5 cl Armagnac, 100 g Puderzucker,
10 halbe Nußkerne (zur Dekoration).

Mehl, Butter, Zucker, Eigelb und Salz mit den Händen rasch
zu einem Teig verarbeiten. Zu einer Kugel formen und
mindestens 1 Stunde im Kühlschrank ruhen lassen. Danach

den Teig ca. 5 mm dick ausrollen und in eine gefettete, gemehlte Tortenform (Ø 24 cm) geben. Im Backofen bei schwacher Hitze anbacken, bis der Teig leicht trocken wird; beiseite stellen.

Die gemahlenen Walnußkerne mit der Crème fraîche, dem Vanilleextrakt und dem Zucker verrühren und vorsichtig den Eischnee unterheben. Auf den Tortenboden geben und im vorgeheizten Ofen bei mittlerer Hitze ca. 35 Minuten backen.

Puderzucker und Armagnac glattrühren und auf dem Kuchen verteilen. Mit den Walnußhälften dekorieren und abkühlen lassen.

*Café filtre,* gekrönt von einem hiesigen
*Eau-de-vie de vin* (Umgangsfranzösisch: *le gnoule*)
schließt das Diner vorerst ab.

Auch wir spielen gern auf dieser Kaminklaviatur, wenn auch längst nicht so geschickt – eher unbeholfen – und nur auf einem ganz kleinen und einfach zu bewerkstelligenden Sektor; jeder, der über einen ausreichend großen Kamin verfügt, kann dies ebenfalls zelebrieren.

Sobald es im späten Herbst kühler und der Kamin nicht nur zur Zierde befeuert wird, ist *pot-au-feu*-Zeit angesagt. Dann holen wir unseren großen, dreibeinigen, gußeisernen Grapen hervor und bereiten einen Eintopf über offener Flamme im Kamin, so wie unsere Nachbarn das auch hin und wieder tun. Meist nehmen diese lieber ihre Elektro- oder Gasherde und schmunzeln über die Umstände, die wir uns aus purem Vergnügen machen. Mit dem Kochen über offenem Feuer haben sie sich lange genug herumgeplagt und können kaum verstehen, daß das überhaupt noch jemand freiwillig tut, wo doch nebenan der viel bequemere Gasherd steht. Diese Städter sind schon eigenartige Menschen und für das Praktische mit mäßigem Verstand gesegnet.

### Pot-au-feu Cazalou

1 kg markgefülltes Ochsenbein,
2 Stangen Porree, 2 große Karotten,
2 große Zwiebeln, 2 Stangen Sellerie,
2 Petersilienwurzeln, 5 *navets* (Rübchen),
5 große Kartoffeln, 2 Lorbeerblätter,
10 schwarze Pfefferkörner, 8 Wacholderbeeren,
1 Zweig getrockneter Thymian, 1 Zweig Rosmarin,
4 Nelken, 1 Handvoll Knoblauch,
3 kleine Brühwürfel, 4 l Wasser,
Pfeffer und Salz.

Während der gesamten Kaminkochzeit – 2½ Stunden – hängt der Topf an der Kochkette, der *crémaillère*, direkt über dem Holzfeuer und köchelt gemütlich brodelnd vor sich hin. Wird die Hitze aber zu groß, muß er zeitweise abgehakt und beiseite gestellt werden. So ein gußeiserner Topf bewahrt bestens die Temperatur. Da diese gewaltigen Kamine meist gut ziehen, halten sich die Kochdünste in Grenzen; die Nachbarn aber sind eingeweiht.

Eine solche Zubereitung ist recht einfach. Sobald das Wasser kocht, Ochsenbein zusammen mit den Gewürzen, Pfefferkörnern, Lorbeer, Thymian, Rosmarin und Wacholderbeeren hineingeben und 1½ Stunden kochen lassen. Dann die halbierten, mit je einer Nelke gespickten Zwiebeln, den Porree, Sellerie, Petersilienwurzeln und die längs geviertelten Karotten hinzufügen. Das Gemüse wird in ca. 5 cm große

Stücke geschnitten. Nach weiteren 30 Minuten die Kartoffeln, die *navets*, den Knoblauch und die Brühwürfel zugeben
und die verdunstete Wassermenge nachfüllen. Dann noch
gut 30 Minuten kochen lassen und vom Feuer nehmen.
Abschmecken mit Pfeffer und Salz.

Direkt aus dem Kamin heraus serviert, ist jeder *pot-au-feu* ein
beeindruckendes, uriges Essen, so recht zum Wohlfühlen in
der sich nun allmählich anbahnenden grauen Jahreszeit.
Insbesondere wenn die Winterstürme ums Haus tosen. Also
auch mal im Norden zubereiten.

Man kann auch ein Suppenhuhn oder ein hier im Périgord
bei jedem Geflügelschlachter erhältliches Gänse- oder En-
tengerippe nehmen, dann aber ohne Brühwürfel und mit
geringerer Kochzeit.

Ein Tip: Um den Knoblauch leicht verdaulich zu präparie-
ren und auch, um die Knoblauchausdünstungen ein wenig
zu zähmen, wird vorher sorgfältig der Keimling samt Häut-
chen herausgeschält. Das Entfernen ist auch deshalb rat-
sam, weil gerade dieser Keim recht schwer im Magen liegt
und auch sehr stark für die spätere Geruchsentwicklung
verantwortlich gemacht wird. Dazu schneide man die Zehen
einmal der Länge nach durch und entferne den Trieb aus
jeder Hälfte samt dem ihn ummantelnden Innenhäutchen.
Nur bei ganz frischen Knoblauchzwiebeln hat sich noch
kein Keim entwickelt.

## *Kriminologen in der Urzeit*

Manch ein Périgordhaus wurde früher direkt vor einen
Höhleneingang gesetzt. Das bewirkte nicht nur ein angenehm kühles Innenklima während der heißen Sommermo-

nate, man konnte die Höhleneingänge und Gewölbe auch gut als Stallungen und kühle Lagerräume mitnutzen. Erst die Moderne mit ihren ausgefeilten Isoliertechniken, mit Kühlschrank und Zentralheizung ließ diese ortsgebundene, geniale Bauweise dann überflüssig werden.

Als im letzten Jahrhundert die Ausgräber erstmalig ihre Spaten ansetzten, machten sie sich genau diese Bausituation zunutze, denn an eben diesen Plätzen vor den Höhlen siedelten auch schon die Steinzeitmenschen. Nicht in den Höhlen, wie Unkundige immer wieder vermuten, denn das Höhleninnere ist viel zu feucht, zu kühl und zu klamm und damit recht rheumaträchtig zum Bewohnen. Von den hier selten unterkellerten Häusern überbaut – die Höhlen dienten ja als Keller –, waren die Schichten unter den Häusern meist unberührt, vielleicht ein wenig angekratzt an der Oberfläche oder höchstens von einigen, wenig tiefen Fundamentgräben durchzogen. Also kaufte man den Einheimischen ganz einfach ihre Häuser mit Grundstück ab und fing dann an, darunter in die Tiefe zu buddeln. Von planmäßigen, wissenschaftlichen Ausgrabungen war in der Morgenröte der Archäologie noch nicht die Rede.

Herrliche, unvermutet perfekte Gegenstände steinzeitlicher Kleinkunst, Waffen und geschickt gearbeitete Flintwerkzeuge förderte man nun plötzlich und ganz unerwartet zutage. Lohn für die Mühsal dieser ersten Archäologen. Auch ein Deutscher namens Otto Hauser war mit von der Partie. Unter einem Felsüberhang bei Le Moustier im Tal der Vézère barg er das Skelett eines Neandertalers. Ihm zu Ehren nannte man diesen Fund dann Homo mousteriensis Hauseri. Andere Individuen dieser Rasse waren schon so weit über den damaligen Erdball verbreitet, daß die Wissenschaft scherzhaft-ernst vom ersten Weltbürger spricht. Ständig im Clinch mit den französischen Kollegen, wurde

Hauser zu Beginn des Ersten Weltkrieges sofort des Landes verwiesen und mußte seine Zelte im Périgord für immer abbrechen. Pierre Honoré nennt den streitbaren, aber erfolgreichen Ausgräber einen der »seltsamsten Männer des Spatens«.

Zu Beginn der Ausgräberzeit ging man also noch vor wie die Schatzsucher. Es wurde so richtig wild ausgeschachtet. Leider warf man dabei die Schichten nichtsahnend bunt durcheinander, so daß viele Datierungen damaliger Funde in Zweifel zu ziehen sind. Die Ausgrabungstechniken mußten ja erst einmal entwickelt werden. Doch den ersten Archäologen, den Pionieren dieser Zunft, wegen ihrer Vorgehensweise heute Vorwürfe zu machen, wäre sehr ungerecht. Sie konnten es nicht anders wissen. In der modernen Archäologie geht das alles sehr, sehr viel behutsamer, akribischer und damit auch stoisch langsam vor sich. Mit kleinen Spachteln, Schäufelchen, Pinseln und gar Zahnbürsten entfernt der kundige Altertumsforscher in unendlicher Geduldsarbeit Schicht um Schicht und Krume für Krume. Setzt vieles wie ein hochkompliziertes Puzzle wieder zusammen und fahndet in der Erde nach Bodenverfärbungen, nach den unscheinbarsten Details, die einem noch unverständlichen Gegenstand, oftmals ja nur ein Bruchstück oder nur ein verbliebener Abdruck in der Erde, erst einen Sinn geben, zumindest vermuten lassen, was ursprünglich wohl seine Funktion gewesen sein mag. Natürlich gehen in der Wissenschaft die Ansichten über die Bestimmung schwierig zu interpretierender Gegenstände bisweilen erheblich auseinander. Zu den undefinierbarsten gehören die sogenannten Kommandostäbe, verzierte, durchbohrte Geweihstangen, über deren Funktion die Experten immer noch uneins sind. Ständig neue, ergänzende Funde weisen dann mehr und mehr den richtigen Weg. Vieles ist allerdings noch offen und harrt der Aufklärung. Deshalb auch ist die Steinzeitar-chäologie so recht ein Feld für engagierte Freizeitforscher, die sich dieses interessante Gebiet zum Hobby erkoren haben. Wir treffen später noch einen solchen, nimmermü-den Enthusiasten.

## *Erschlossen*

Auf dem überall gut ausgebauten Straßennetz kommt man schnell von Ort zu Ort. Zahlreiche Wanderwege, grundsätz-lich mit dem unschätzbaren Vorteil gesegnet, eben abseits der Hauptstraßen und somit auch natur- und menschennä-her zu verlaufen, schlängeln sich bergauf, bergab durchs fruchtbare, gefällige Land und sind hinreichend gekenn-zeichnet. Jede Lichtung, jede Waldöffnung lädt zum Verwei-len ein, zum Genießen des Ausblicks. Doch wegen des ewigen, zum Teil steilen Auf und Ab können Wanderungen in diesem Bergland auch ganz schön beschwerlich sein und erfordern gute Kondition. Wie überhaupt das Périgord tou-ristisch in allen Standardbereichen voll erschlossen und damit guten Gewissens für alle möglichen Erholungswün-sche zu empfehlen ist.

Ausreichend vorhandene Fremdenverkehrsbüros sind auch schon in kleineren Orten den Touristen zu Diensten. Die-se Anlaufstellen führen die offizielle Bezeichnung *Syndicat d'Initiative* und sind nicht parteigebunden, wie einst ein des Französischen nicht so mächtiger deutscher Freund uns gegenüber pikiert äußerte. Karl-Heinz war ganz erstaunt, als wir ihn aufklärten, daß die einstmals bedeutende kom-munistische Partei in Frankreich eben doch nicht überall Schalter mit Syndikaten unterhält, wie er – das Wort *syndicat* falsch interpretierend – bisher angenommen hatte. Ob-

wohl in vielen Franzosen, gleich welcher Gesellschafts-
schicht sie angehören, immer noch ein klein wenig Revolu-
tionär glimmt – so bedeutend waren die früher recht starken Roten nun auch wiederum nicht.

## La sieste

Bei allem Wohlwollen, aller Gastfreundschaft und Höflichkeit – alles hat dennoch seine Grenzen. In der Mittagszeit –
das ist hier im Süden eben eine von jedermann einzuhalten-
de sakrosankte Essenspause, in Anlehnung an das nahe
Spanien auch *la sieste* genannt – sind nur noch die Restaurants geöffnet. Sonst nichts, denn alles andere macht erst
einmal so richtig sattsam Pause. Aperitif, Menü und an-
schließender Digestif mit einem muntermachenden Kaffee
als Abschluß dulden keinerlei Störung. Niemand liebt es,
bei dieser heiligen Handlung belästigt zu werden, und sei
die Sache angeblich noch so wichtig. Bis auf die dann meist
randvoll besetzten Gasthäuser ist also alles verriegelt. Die
Daheimgebliebenen speisen in der Sommerzeit gern unter
ihren laubgedeckten Pergolas oder auf den großen, schattigen Terrassen.
Viele Reisende und Ausflügler nutzen das warme, milde
Klima, um am Busen der Natur zu picknicken. Und Ausländer sind immer wieder baß erstaunt, wie dicht so mancher
Franzose – die Füße schon fast auf der Fahrbahn – neben
vorbeibrausenden Autos und Lastern am Straßenrand im
Auspuffqualm sein reichhaltiges *pique-nique* genießt. Ganz
schlaue Kilometerfresser nutzen die dann verkehrsärmeren
Überlandstraßen, um in der Mittagszeit, wenn alles in die
Restaurants gestürmt ist, sich dort drängelt und die Rastplät-
ze überquellen, schneller voranzukommen. Ich kenne sogar

Franzosen, die in der Mittagszeit durchfahren. Und das will schon etwas heißen.

## Casse-Croûte

Ein kleiner Imbiß wird im Französischen *casse-croûte* genannt, was auch sinngemäß und fast wörtlich übersetzt als »Krustenbrechen« die knackige Frische und Einfachheit einer solchen Minimahlzeit der kalten Küche sinnbildlich veranschaulicht. Heutzutage sagen die Franzosen zwar oftmals schön englisch zu ihrer der Länge nach aufgeschnittenen und mit den verschiedensten Dingen belegten *baguette* Sandwich. Und eine belegte Brotschnitte, die berühmte Stulle, französisch eine *tartine*, wird gern abgesäbelt vom großen Rundbrot, dem *pain de campagne* oder *pain rond*, das in manchen Landstrichen wie hier im Périgord auch *boule* genannt wird. Es gibt zahllose Varianten, die kleine *flûte*, das nächstgrößere, die *ficelle*, auch das an eine Kornähre erinnernde und deshalb *épi* genannte, dann die *baguette* und das größte von allen, bei uns oft als Meterbrot bezeichnet, schlicht und einfach ein *pain* – sie alle werden in Paris sehr lokalpatriotisch als *pain parisien* bezeichnet. Es gibt auch noch riesige Brotlaibe, die alle nach Gewicht verkauft werden. In Frankreich ißt man Brot als Grundnahrungsmittel begleitend zum Essen mit dazu, so daß es für das jeweilig anstehende Mahl immer wieder vom Bäcker um die Ecke kurz vor Verzehr knusprig frisch besorgt wird. Aus diesem Grund backen die *boulangeries* zusätzlich auch nachmittags noch einmal frisch für das – im wahrsten Sinne des Wortes – Abendbrot. Diese diversen Meter- und Landbrote sollten also immer knusprig-frisch gegessen werden, denn sie sind schnell pappig und innerhalb von Stunden altbacken und anderntags bereits hart. Das ist aber keine Qualitätsfrage, sondern ganz einfach die Art und Weise des auf schnellen Verzehr ausgerichteten Backens. Frisch verzehrt, sind alle diese Brote mundgerecht kroß, so daß die scharfen Brotkrusten, wenn man nicht aufpaßt, sogar in den Gaumen schneiden können.

In der Früh', wenn man in Frankreich ein mehr als dürftiges Frühstück mit labberigem Milchkaffee, *café au lait* oder auch einfach kurz *crème* genannt, zu sich nimmt, halten die Bäckereien neben den inzwischen auch in Deutschland wohlbekannten leckeren *croissants*, den Blätterteighörnchen, außerdem *pain au chocolat, brioches, chaussons, pain aux raisins* und andere, fast kuchenähnliche Süßbackwaren bereit. Sicher ist das Frühstück in Frankreich deshalb so unbedeutend geblieben, weil das spätabendliche Tafeln den Appetit frühmorgens merklich zügelt. Viele Franzosen nehmen ihr Frühstück im Stehen am Tresen ihres Stammcafés, ihres Bistros um die Ecke ein, halten dazu einen kurzen Schwatz oder lesen die ersten Frühmeldungen. Dem an ein kompaktes *breakfast* gewöhnten Engländer graut es – ebenso dem Franzosen bei der umgekehrten Vorstellung, was die Briten sich da so früh schon am Tage alles zu Gemüte führen – sogar geräucherten Fisch auf nüchternen Magen!

Zu so einem größeren Picknick sagt man auch nett auf englisch *barbecue*. Das Wort soll ursprünglich aus dem Französischen abgeleitet sein – vom kompletten Tier am Spieß, was in volkstümlichem Französisch *de la barbe au cul* (vom Bart bis zum Hintern) heißt. Grundvoraussetzung für ein zünftiges Barbecue in den USA ist noch immer das Braten ganzer Tiere am Spieß.

Man lagert am Weg- oder Waldrand, auf einer kleinen Lichtung, auf sonnenüberfluteter Wiese oder rastet auf eigens dafür hergerichteten Picknickplätzen und genießt die mitgebrachten Speisen draußen in der Natur und unter freiem Himmel. Nervöse Zeitgenossen stört natürlich, daß die Butter unter der Sonne zerläuft, der Käse anfängt zu wandern, die Hartwurst zur Brühwurst wird, bei Mineralwasser, aber auch dem Wein so allmählich die Zimmertemperatur überschritten wird, piwarm sagen dann nicht so gut Erzogene, und das ganze widerwärtige Krabbelgetier, das sich auf solch einer grünen Matte um einen schart, es wohl mit Bestimmtheit speziell auf die Gesellschaft des Betreffenden abgesehen hat. Überhaupt scheint das ganze vielbeinige Wiesenvolk zum Sturmangriff auf den harmlosen Picknicker geblasen zu haben, denn die kleinen Viecher bewegen sich inzwischen gezielt und sternförmig auf ihn und seinen Freßkorb zu und finden samt und sonders natürlich sofort Gefallen an seinem Speiseangebot – so als seien seine Leckereien eigens und einzig für diese ungebetenen Gäste von ihm herangeschafft worden.

Nun, das meiste Getier ist hauptsächlich nur lästig und beißt glücklicherweise nicht. Nur die Wespen, die signalfarbenen Strauchritter der Insektenwelt, kennen überhaupt keinen Respekt. Traut man sich, nur eine abwehrende Handbewegung zu machen, fassen sie das gleich als Kriegserklärung auf und agieren nach dem uralten Grundsatz, daß Angriff immer noch die beste Verteidigung sei. Manch ein Hungriger mußte schon das Feld vor ihnen räumen. Bisweilen hilft es, Zuckerwürfel in einigen Metern Entfernung aufzubauen. Der weiße Zucker ist dann bald schwarz von Ameisen, die offenkundig mit unglaublicher Geschwindigkeit kommunizieren und die gesamten Völker der Umgebung mobilisiert und herangeführt haben. Ihr Buschfunk hat die Effizienz militärischer Nachrichtenübermittlung. Sicherlich könnte sich sogar die NATO daran noch ein Beispiel nehmen.

Eine frische, knusprige Baguette, der Länge nach aufgeschnitten, mit ein wenig Butter bestrichen, dann rohen Schinken aus Bayonne (*jambon cru*) oder anderswo her, verziert mit einigen herzhaft-scharfen, knackigen *cornichons* aus dem Glas, oder auch gekochten Schinken (*jambon cuit/blanc*) drauf, oder eine von den ungezählten Pasteten (*paté*), die die Charcuterien und Feinkostgeschäfte in immer neuen Variationen und ständig anderen Geschmacksrichtungen bieten, sind Delikatessen der einfachsten und schnellsten Art. *Paté de campagne*, oft auch *paté maison* genannt, die preiswerteste und nach Meinung vieler wohl die herzhafteste von allen, ist immer etwas Solides und schmeckt bei jedem Pastetenbäcker anders. Das gleiche gibt es von Ente, Fasan, Wachtel, Hase, Perlhuhn, Wildschwein und Kaninchen. Hier im Périgord oftmals raffiniert verfeinert mit Trüffeln, Morcheln oder Steinpilzen – dann natürlich etwas exklusiver im Preis. Nicht zu vergessen die besonders im Lande der Gänse beheimateten *rillettes d'oie*, das berühmte Gänseschmalzfleisch. Aber auch etwas Fremdartiges wie die *andouillette*, zu Wurst verarbeitete Kutteln, die herzhaft und würzig schmeckt, aber nicht jedermanns Sache ist. Oder den *jambonneau*, ein kegelhutförmiges, gekochtes, saftiges Vorderschinkenteil in Portionsgröße. Auch die Knoblauchwurst, französisch *le saucisson à l'ail*, geräuchert oder auch nicht, ist ein herzhafter Brotbelag. Und ganz besonders beliebt ist *le saucisson sec*, eine Dauerwurst, die der italienischen Salami ähnelt. Man kann sich in jeder Charcuterie von den dargebotenen Auslagen verführen lassen. Nach der immer wieder mißachteten Erfahrung, daß die Augen größer als der Magen sind, kauft man dann viel zu viele dieser verführerischen Delikatessen ein, die einem schon beim bloßen Anblick, doch spätestens beim Schnuppern daran den klaren Verstand rauben.

Und dann zum Abschluß Käse, *le fromage,* von dem es weit über tausend Sorten aus Kuh-, Schaf- und Ziegenmilch – oder auch gemischt – in Frankreich geben soll. Das ist durchaus glaubhaft, denn in einigen Landstrichen hat fast jedes Dorf seinen eigenen Traditionskäse, über dessen Ruf es eifersüchtig wacht und auf den es voller Stolz verweist. Käse von frisch bis lange abgelagert. Mit oder ohne Rinde oder von streng gehüteten Edelpilzkulturen durchwachsen, die angeblich nur an den jeweiligen Zuchtstätten gedeihen. Milde und lieblich bis herzhaft und so kräftig im Geruch, daß sie mit Rücksicht auf naserümpfende Mitmenschen am besten nur noch im Freien bei starker Zugluft zu verzehren sind. Käse in unvorstellbar vielen Variationen, die immer einen kräftigenden Schluck Rotwein zum Abrunden begehren.

All dies ist ganz einfach herzurichten, muß eigentlich nur eingekauft und auf einem netten Tischtuch ansprechend und wirkungsvoll drapiert werden und gibt einem solchen Picknickimbiß eine Vielfalt von Geschmacksrichtungen und so viel Abwechslung, daß man nur mit Freude von allem kosten kann. Trotz schneller Zubereitung ist das beileibe kein Fast food.

Dazu dann einen einfachen Wein aus dem Supermarkt oder einen gepflegten Landwein oder auch eine Schloßabfüllung, ganz nach Geldbeutel und Geschmack in Rot, Rosé oder Weiß. Und hernach, gesättigt, vom Wein leicht beschwingt und wohlig ausgestreckt, faulenzend auf der Decke liegen und träumend in den Himmel schauen, die zwischen Werden und Vergehen schwankenden Wolken dahinziehen sehen, den Klängen der Natur und dem Zwitschern der Vögel, dem Summen der Insekten, vielleicht dem Murmeln eines ganz nah dahinplätschernden Baches und dem Rauschen der Bäume lauschend, die wohlige Wärme der Sonne spüren – jeder Vernunftbegabte wird bedauern, daß man nicht mindestens fünfmal täglich auf solche Weise speisen kann. Aber dann kämen wir wohl mit Rollen weiter als mit Laufen.

# Attraktionen mit Prädikat

## *Les bories*

Auf jenem Wanderweg zwischen Natur und Kultur scheint hin und wieder, isoliert in den Feldern und auch Wäldern stehend, Afrika zu grüßen. Auch die vereinzelt noch anzutreffenden Taubenschläge in den Fluren, meist mit spitzkegeligen Dächern, sehen auf den ersten Blick aus wie Rondavels aus dem afrikanischen Busch. Kreisrunde, im Durchmesser bis zu fünf Metern messende, eigentümliche und nur in Trockenmauerwerk aus roh zugehauenen Felsbrocken und -platten geschichtete, meterdicke, unverschlossene Hütten, in die sich einstmals Schäfer und andere vor den Naturgewalten zurückzogen. In denen man aber auch die Schafe und Ziegen molk und die Hühner vor dem Fuchs schützte. Sie dienen zudem als kleine, robuste Feldscheunen für Vorräte und zur Aufbewahrung der für die Feldarbeit benötigten Ackergeräte. Sogar als Liebeslauben sollen sie gesuchte Verstecke Verliebter sein. Es sind die berühmten und einzigartigen, kunstvoll errichteten *bories* des Périgord. Ihr Baumaterial ist ausschließlich Naturstein. Nicht ein Stäubchen Zement oder andere Bindemittel werden benötigt, um ein solch standfestes, supersolides Haus zu bauen. Sogar die Runddächer, wie üblich aus *lauzes*-Felsplatten und im Schneckengang aufeinandergeschichtet, verzichten völlig auf einen abstützenden Dachstuhl. Durch die überproportionale Länge und somit ausreichende Tiefe der Platten halten und stützen sie sich gegenseitig auf der Auflage – Schicht für Schicht sich überlappend. Sie werden so zur selbsttragenden, kaum zerstörbaren Konstruktion – fast ein Wunder der Statik. Eine erstaunliche Baukunst; jeder studierte Statiker müßte fürchten, wenn sich diese Baukunst über das Périgord hinaus ausbreiten würde, brotlos zu werden. Eine Form des Bauens, die sich aber heute im Spannbetonzeitalter leider mehr und mehr verliert. Ohne ihre ursprüngliche Funktion sind diese pittoresken *bories* eigentlich nur noch staunenswerte Schauobjekte. Im hiesigen Dialekt auch *cabanou* genannt, stehen die traditionellen und kunstvollen Natursteinhütten heute sämtlich unter Denkmalschutz. Bitte keine Furcht vor Einsturzgefahr; man ist in ihnen absolut sicher und kann sie, sollten sie zugänglich sein, auch besichtigen. Die unverhofft angenehme Kühle im Inneren überrascht den Eintretenden immer wieder und läßt ihn die Sommerhitze draußen dann doppelt spüren.

Nicht weit abgelegen von der Landstraße zwischen Les Eyzies und Sarlat liegt bei dem kleinen Weiler Saint-André-d'Allas so ein wirklich steinaltes, zur Besichtigung einladendes, phantastisch erhaltenes Gehöft in dieser urtümlichen Bauweise – die *cabanes du Breuil*. Sogar an einen Neubau dieser Art hat man sich in der Nachbarschaft gewagt. Aber der ist schwierig zu realisieren, denn vieles über diese alte Baukunst ist schon in Vergessenheit geraten, muß erst wieder neu erfahren und erprobt werden. Sehenswert, wie dieses Ensemble ist, findet man es als letztes Relikt der hier ursprünglichen Architektur auf vielen Postkarten abgebildet. Auf Périgordinisch nennt dieses Gehöft sich *lou cabanou* und lohnt es, aufgesucht zu werden. Zumal man gleich nebenan eine kleine *crêperie* gleichen Namens in einer solchen landestypischen Natursteinrundhütte zur Stärkung

aufsuchen kann. Es ist eine kleine, gut geführte Schänke mit
schnuckeligen Schnellgerichten, mit in Walnußöl ange-
machten Salaten, *sandwiches, croque-monsieur* und *croque-ma-*
*dame* und selbstredend mit vielen, vielen *crêpes* und natürlich
Eiscrèmes – so recht zum Stärken für den kleinen Hunger
zwischendurch. Alles hergeleitet von einfachen, kleinen
Gerichten, die die Bauern früher mit aufs Feld nahmen, um
das zweite Frühstück am Ackerrain einzunehmen – Erho-
lungspause, Schwatz und Stärkung zugleich. Der Teig für
traditionelle Crêpe wird wie folgt bereitet:

### *Crêpes*

3 Eier, 200 g durchgesiebtes Mehl,
2 EL neutral schmeckendes Speiseöl,
1 Prise Salz, 1 Messerspitze Backpulver,
1 EL Zucker, 1 Päckchen Vanillezucker,
60 g zerlassene Butter, ¼ l Milch.

Die Eier schlagen. Zucker, Vanillezucker, Backpulver, Mehl
und Salz bei stetigem Rühren mischen. Nach und nach
die Milch hinzufügen und die Masse glattrühren. 1 Stunde ruhen lassen, dann erst die Butter hineinrühren. Im
Gegensatz zu unserem heimischen Pfannkuchenteig soll
der Crêpe-Teig relativ flüssig bleiben. Nur so ist er dann
auch hauchdünn auszubraten.
Da man zu Hause kaum über die uns von den Straßenstän-
den inzwischen wohlbekannten Crêpeplatten verfügt, kann
man auch eine Pfanne nehmen. Die nicht zu heiße Pfanne
am besten mit einem Pinsel ganz dünn einölen. Dann den
Teig von der Mitte hereingeben. Dabei ist unbedingt darauf
zu achten, daß die Crêpe so dünn wie irgend möglich

gebacken wird. Ein kleines, waagerecht geführtes, glattes, immer mit ein wenig Wasser benetztes Holzstöckchen in T-Form sollte man schon einsetzen, um damit den Teig hauchdünn in der Pfanne verteilen zu können. Dieser ist fertig, sobald die letzte glasige Teigstelle verdampft ist. Sofort entnehmen; eine Crêpe soll nicht bräunen.

Die Wahl der Crêpe-Füllung bleibt der eigenen Phantasie überlassen. Von süß bis herzhaft läßt sich eigentlich alles in diese dünnen Pfannkuchen stopfen, die dann zusammengeklappt und zu Teigtaschen geformt werden. In den Küstenorten der Bretagne – genauer: der *Petite Bretagne*, denn es gibt auch das Groß-Britannien auf der anderen Seite des Ärmelkanals – werden diese zarten Pfannkuchen auch mit Fisch und Meeresfrüchten gefüllt. Crêpes sind nicht nur eine Lieblingsspeise vieler Kinder, sondern lassen sich bei jedem Menü als ein begehrter Zwischengang einschieben oder auch abschließend als Dessert reichen.

Die Felder und Äcker sind auch heute noch ab und zu von Trockensteinmauern umgeben. Im Laufe der Jahrhunderte sehr ordentlich aufeinandergeschichtete Bruchfelsen, die nach dem Pflügen von den Äckern abgelesen oder eigens für diese Flurbegrenzung herangeschafft wurden. Unverrückbare Mauern, die die Grenzziehungsstreitigkeiten auf ein Minimum reduzierten. In diesen teilweise mannshohen Mauern lebt allerhand Kleingetier, zurückgezogen wie in einer ökologischen Nische: von den verschiedenen Eidechsen bis hin zur prächtigen, schon recht großen Smaragdeidechse im Leguanverschnitt, über die kleineren Marder, Ringelnattern und viele Insekten. Wer aufmerksam die Grasflächen und Vegetation absucht, kann auch schon mal eine gefährlich-drohend anzusehende, jedoch für den Menschen völlig harmlose Gottesanbeterin, eine Heuschreckenart, entdecken. In den Mauerhohlräumen und -spalten, zwischen den lose aufgeschichteten Steinen finden Höhlenbrüter sichere Nester für die Aufzucht ihrer Jungen. Durch das heutige Kartographieren und die sehr sicheren Vermessungsmethoden der Katasterämter verlieren die Trockenmauern ihre ursprüngliche Bedeutung und verfallen leider zusehends. Manch eine, jetzt ihrer althergebrachten Bestimmung ledig und inzwischen ziemlich überwuchert, ist dennoch in den Wäldern auszumachen. Denn so grenzten die Bauern früher auch ihre Holzschläge zum Nachbarn hin sichtbar und eben unverrückbar ab. Oder da, wo jetzt ein flacher Hang bewaldet ist, wurde früher vielleicht einmal ein Feld bestellt. Auch ein Weinberg kann hier vor Zeiten einst seine Trauben für die Kelter geliefert haben.

## Leben auf Felsterrassen

Sie sind zwar schon längst vergangen, aber im Französischen spricht man immer noch von Höhlendörfern, von *villages troglodytiques,* ja sogar von Höhlenstädten, wenn sie größere Ausmaße erreichten. Das trifft nicht ganz den Kern der hoch in den Felsterrassen der Steilwände gelegenen Fluchtburgen, denn sie liegen außerhalb der Grotten. Man müßte sie also eher als Felsterrassensiedlungen bezeichnen, die in den gefahrvollen früheren Zeiten, wenn der Feind die Täler stürmte und verwüstete, immer nur sporadisch bewohnt wurden und nicht so wie die der Lage nach vergleichbaren Pueblos der Indianer Arizonas und Neumexikos, in denen die Einwohner ständig hausten. Im Altertum thronten die Altpérigordiner zurückgezogen und uneinnehmbar dort hoch oben in den steilen Kliffs. Die gewaltigen, hochaufragenden Felswände mit ihren tief eingeschnittenen und bequem begehbaren, zum Teil sehr weitläufigen Terrassen laden förmlich zum Bewohnen ein. Sie wurden im Laufe der früheren Jahrhunderte ständig erweitert und ausgebaut. Hauptsächlich in der Spätantike und der sich anschließenden, unruhigen, alles umwälzenden Völkerwanderungszeit – aus dem Blickwinkel der französischen Geschichtsschreibung *l'invasion des barbares* genannt, in der ja auch die Franken einsickerten – sowie im anschließenden Mittelalter, als die Wikinger mit ihren flachen Drachenbooten auf ihren Raubzügen bis hierher tief ins Landesinnere vordrangen. Später boten sie Zuflucht vor den im Hundertjährigen Krieg eingedrungenen Engländern, dann in den Religionskriegen, vor den Katharern – von ihnen stimmt unser Wort Ketzer ab – und letztmalig den Hugenotten, die vor der sie bedrohenden Hauptkirche flüchten mußten.

Ein ausgeklügeltes Frühwarnsystem mit Wächterklausen in den Felskliffs entlang der Vézère – man kann sie noch heute ausmachen – ermöglichte rechtzeitig angesetzten Rückzug hinauf auf die sicheren, bis zur Erfindung des Schwarzpulvers uneinnehmbaren Terrassen. Die Leitern und Stege wurden eingezogen, damit waren die Felsterrassen unzugänglich und boten ihren Verteidigern langanhaltenden Schutz. Doch nur wenn es allzu brenzlig wurde, zog sich die einheimische Bevölkerung in diese immerhin doch auch sehr unbequemen Fluchtburgen zurück, brachte sich auf diesen Höhen mit Sack und Pack, mit Mann und Maus und Vieh in Sicherheit und wartete dort oben dann geduldig, wohl auch ohnmächtig, die unter ihnen ablaufenden Raubzüge und Plünderungen der kriegerischen Eindringlinge ab; sie stiegen erst wieder herunter, wenn die Luft rein war. Man lebte hier oben also niemals ständig und mußte, nachdem der Feind endlich abgezogen war, dann ja auch wieder hinunter, um die Felder zu bestellen.

Um längere Belagerungszeiten zu überstehen, horteten die Terrassenbewohner dort oben ausreichend Nahrungsmittel, Futter fürs Vieh und Feuerungsbedarf. Quellen sprudelten munter direkt aus dem Fels. Heute jedoch sind die meisten versiegt. War keine natürliche Wasserversorgung vorhanden oder führte der Brunnen nicht ausreichend Wasser, legte man große Zisternen für solche Notzeiten an. Sogar Überreste von Kirchen oder zumindest mit in den Fels eingemeißelten christlichen Kreuzen versehene Andachtsstätten sind nachweisbar.

Im Hundertjährigen Krieg zwischen Engländern und Franzosen, deren hin- und herwogende Hauptkampflinie sich durch das Périgord zog, waren die Felsterrassen immer wieder heißumkämpfte Brennpunkte, so wie in den Hugenottenkriegen, die hier im Périgord ganz besonders heftig wüteten. Gegen die damals bereits üblichen Musketen und nun auch weittragenden Kanonen boten sie dann aber keinen Schutz mehr. Mit Erfindung des Schießpulvers war ihr strategischer Vorteil ein für allemal dahin.

Die Überreste dieser Notsiedlungsplätze mit ihren Einbauten und Anlagen sind an vielen Stellen für Besucher hergerichtet worden und sehr interessant zu besichtigen. Anschaulich restauriert, verschaffen sie uns Einblicke in die unbekannte, teils pfiffig ausgeklügelte Welt der Vorfahren. Bei den Führungen kann man viel darüber erfahren. Doch so manches Rätsel ist noch zu lüften. Gut geschultes Personal erläutert das Geschichtliche und die Erkenntnisse, die die Historiker inzwischen gewinnen konnten. Einige Plätze sind, wie gesagt, jetzt leicht zugänglich, gut ausgebaut und bequem zu durchstreifen. Andere Felswohnungen wiederum muß man recht abenteuerlich besteigen, sie erfordern Übung und ein gewisses Klettergeschick. Bei letzteren ist natürlich am besten nachzuvollziehen, wie die Leute einst

hier heraufkamen und sich teils akrobatisch an der Felswand entlanghangeln mußten, um ihre im Lauf der Zeiten
ständig tiefer in den Fels hineingetriebenen Behausungen
aufzusuchen. Die Griffgruben für die Haltehand sind noch
immer vorhanden und können wie einst genutzt werden.
Glücklicherweise wachsen auf den darunterliegenden Fels-
vorsprüngen heute genügend Buschwerk und Bäume, die
den schwindelerregenden Blick in die Tiefe verwehren.
Zwischen den einzelnen Felssimsen sind Bohlen ausgelegt,
die bei Gefahr nur eingezogen werden mußten. Alle diese
Passagen sind bewußt so geschickt angelegt, daß immer nur
ein Mensch allein über die Stege klettern kann. Ein schnel-
les Vorankommen, zumal als Angriff geführt, war unmöglich. Mit einer Hand sich festhaltend, mit der anderen eine
Waffe führend – derart gehandikapt konnte kein Beutelü-
sterner erfolgreich eine Attacke unternehmen. Schon gar
nicht als Überraschungsangriff. Auch mußte man ja die
entschlossene Gegenwehr der Bewohner überwinden. Oft
genügte ein einziger, taktisch geschickt plazierter Verteidi-
ger an den wenigen neuralgischen Punkten. Eindrucksvoll
nachzuvollziehen in den Kliffs von *La Roque St. Christophe* bei
Le Moustier und *Le Conquil* bei St. Léon-sur-Vézère, das man
mit einer Beschreibung in der Hand (auch deutsch) ohne
Führung erwandert.

## Herbert

An einer Besichtigungstour in der größten dieser Terrassen-
behausungen, auf *La Roque St. Christophe*, in der Nähe von
Le Moustier, nahmen noch zwei weitere deutsche Ehepaare
gemeinsam mit uns an einer Führung teil. Von der Spitze
der Gruppe hörten wir immer wieder wundersame, laute

Anweisungen auf Deutsch, wie: »Herbert, wo bist du nun schon wieder?« »Herbert, lauf' nicht so weit weg!« »Herbert, bleib hier!« Da wir das Schlußlicht bildeten, konnten wir die Rufer vorn nicht ausmachen. Aber wir hatten uns schon suchend immer wieder nach dem ewig verschwundenen ungezogenen Herbert umgeschaut. Es war kein kleiner Junge zu entdecken. Den würde man doch auch bei diesen für Kinder immerhin gefährlichen Abhängen besser an die Hand nehmen. Verantwortungslose Eltern, empörten wir uns innerlich! Erst bei dem alles klärenden »Herbert, jetzt langt's aber! Jetzt kommst du an die Leine!« kamen wir dahinter, daß sie mit Herbert ihren herumwuselnden Hund meinten, und erinnerten uns sofort daran, daß uns ein sehr guter Freund in Hamburg von einem mit ihm befreundeten Ehepaar erzählt hatte; beide seien sehr witzig und lustig und würden ihren Hund Herbert rufen. Sollten das diese Leute sein? Hier, so abgelegen im tiefsten Périgord? Eine wundersame Begegnung? Doch wer tauft schon seinen Hund Herbert? Lustig, zumindest fröhlich schienen die Herrschaften auch zu sein. Aber solch ein Zufall schien dann doch zu abwegig. Trotzdem faßten wir uns ein Herz und äußerten am Ende der Tour unsere Vermutung. Die beiden waren genauso perplex wie wir, sie lachten hell auf und waren nicht weniger erstaunt über diese unwahrscheinliche Fügung. Natürlich würden sie den guten Wolfgang kennen und wüßten auch, wer wir seien, denn er habe schon oft von uns erzählt, wir besäßen doch irgendwo in Frankreich ein Haus. Nur, daß das nun ausgerechnet im Périgord war, daran erinnerten sie sich nicht. Und daß wir uns dann auch noch begegnen, sei doch nun wirklich – mit und ohne Herbert – ein Riesenereignis, das man eigentlich gebührend feiern müsse. Zumal man erst in letzter Minute beschlossen habe, diesen kleinen Abstecher hierher zu machen. Sie müßten heute abend allerdings leider in Angoulème sein, wo man sie sehnlichst erwarte. So verblieb bedauerlicherweise keine Zeit, diese originelle Begegnung zu vertiefen. Aber wir vereinbarten ein Treffen sofort nach unserer Rückkehr. Noch am selben Abend riefen wir Freund Wolfgang in Hamburg an, der nach der Schilderung unseres Erlebnisses ganz aus dem Häuschen war, er wolle das Wiedersehen in Rellingen sofort in die Hand nehmen. Es wurde ein feuchtfröhlicher Abend. Und da Herberts Herrchen leidenschaftlicher Koch und Betreiber einer Großküche ist, ließ er es sich nicht nehmen, für seine Gäste im Norden Deutschlands ein périgordinisch gefärbtes Buffet herzurichten, zu dem wir ein wenig beratend beitragen durften. Es wurde ein ausgedehntes Fest mit all den dazugehörigen und reichhaltig kredenzten geistigen Getränken. Dem Vermittler Herbert, der auch hier zwischen den Gästen nervös herumrannte, brachten wir natürlich eine große Schachtel Hundekuchen mit.

# Höhlen und
# immer wieder Höhlen

## *Auf engstem Raum*

Mit den in Abermillionen Jahren umgeformten Kalksand-
steinfelsen schuf die Natur beste Voraussetzungen für geschützte erste Siedlungsansätze. Der relativ weiche Stein ist
auch tief im Berg oft so stark ausgewaschen und aufgrund
bestimmter chemischer Prozesse aufgelöst und durchlö-
chert wie ein Schweizer Käse, so daß sich teils gewaltige
Höhlensysteme herausbildeten. Jedes Jahr werden neue
entdeckt oder in den bereits bekannten immer noch weitere
Galerien gefunden. Die Höhlenforschung ist hier ein weit-
verbreitetes Hobby, harren doch die vielen Grotten weiterer
Erkundung. So geben sich die Speläologen aus der ganzen
Welt im Périgord die Klinke in die Hand.

Die unter den gewaltigen Felsüberhängen geschützt liegenden Terrassen wurden bereits seit frühesten Urzeiten regelmäßig von nomadisierenden Jägern und Sammlern auf
ihren Streifzügen zu vorübergehenden Aufenthalten als
ideale Lagerplätze aufgesucht. Ausgrabungen in Tayac, dem
nördlichen Ortsteil von Les Eyzies, belegen, daß hier schon
in dunkelster Vorzeit unsere urwüchsigen Vorfahren vor
wohl zweihundertfünfzigtausend Jahren ihre Steinwerkzeuge hinterließen. In der Mittleren Altsteinzeit, im Mesopaläo-
lithikum – es reicht bis zu hundertachtzigtausend Jahre

zurück –, entfachte der spätere Neandertaler seine Lagerfeuer, unter anderem im Schutz des *abri* von Le Moustier. Von dieser erhöhten Warte aus konnte er aufmerksam die Täler und Ebenen beobachten und so erfolgreicher seine Jagdzüge planen und durchführen.

Die Hauptattraktion im Périgord sind zweifellos und unübertroffen die in diesem Gebiet auf engstem Raum zahllos auftretenden Höhlen mit ihren prähistorischen Gemäldegalerien, was die Archäologen veranlaßte, hier von einem Paradies der Vor- und Urgeschichte zu schwärmen. Les Eyzies, um das herum sich die meisten Grotten dieser neopaläolithischen Fundplätze gruppieren, nennt sich daher sehr stolz und selbstbewußt *»La Capitale mondiale de la préhistoire«* – wohlbemerkt nicht ganz unbescheiden *Welt*hauptstadt der Vorgeschichte.

Die in den Grotten jahrhundertelang übersehenen Höhlenmalereien wurden erst in der zweiten Hälfte des letzten Jahrhunderts wiederentdeckt, ihr Wert aber lange nicht erkannt, vielmehr wurden sie noch geraume Zeit als Fälschungen abgetan. Die Bilder grüßten aus so fernen Urzeiten, sind mindestens zehntausend Jahre alt, einige wohl zwanzigtausend und älter, und trotzdem so unvorstellbar lebensnah, daß man anfänglich einfach an ihrer Authentizität zweifeln mußte. Diese Perfektion konnte man den nach Ansicht der Forschung »primitiven« Eiszeitmenschen einfach nicht zutrauen – die einmalige Qualität ihrer hochkünstlerischen Leistungen war zu verblüffend. Sie ist es immer noch. Nur die Darstellung längst ausgestorbener Tiere wie Mammut, wollhaariges Nashorn, Auerochse, Riesenhirsch, des über Grizzlygröße hinausragenden Höhlenbären und die sich nur über Jahrtausende bildenden, sie überlagernden Kalzitschichten überzeugten letztendlich dann doch allmählich die noch lange Zeit widerstrebenden

Wissenschaftler. Damit mußten diese prähistorischen Gemälde, Ritzzeichnungen und Basreliefs aus den Lebenszeiten jener längst vergangenen Fauna stammen. Zumindest die eiszeitliche Tierwelt konnten irgendwelche Fälscher der Gegenwart damals noch gar nicht kennen, denn nur in der weiten Taiga Sibiriens findet man noch heute Skelette und Elfenbein, sogar tiefgefrorene Kadaver des immer noch unerklärlicherweise recht plötzlich ausgestorbenen massigen Mammuts.

Als einer der ersten entdeckte Don Marcelino de Sautuola, ein spanischer Grande, unter seinen Latifundien in der Region von Santander phantastische Malereien auf den Deckengewölben der Höhle von Altamira. Sein Leben lang aber versuchte der Edelmann vergebens, die Archäologen von der Authentizität der Höhlenbilder im Baskenland zu überzeugen. Man lachte den Verbitterten nur aus. Erst seine Tochter konnte fünfundzwanzig Jahre später den lädierten Ruf ihres als Phantast abgestempelten Vaters rehabilitieren. Mit menschlicher Größe und seinen Irrtum bekennend, überschrieb der große Cartailac seinen 1902 in der Zeitschrift *L'Anthropologie* veröffentlichten Artikel mit mea culpa, meine Schuld.

Ungeheuer Erstaunliches haben diese schöpferischen Eiszeitmaler erschaffen, die anthropologisch als Homo sapiens sapiens eindeutig zu unseren direkten Vorfahren zählen. Nach Ansicht einiger Forscher soll sich von den Cro-Magnon-Menschen zu den heutigen Berbern und den Guanchen, den Ureinwohnern der Kanarischen Inseln, eine sehr enge Verwandtschaftslinie ziehen lassen. Die begabten Cro-Magnons waren nicht nur begnadete Künstler, sondern auch kreative Erfinder und überaus geschickte Handwerker. Sehr hochgewachsen, erreichten sie schon damals die eindrucksvolle Durchschnittsgröße heutiger Mitteleuropäer. Ihre Gesichtszüge verliefen zwar ein wenig knochiger, kantiger, aber von unseren sind sie dennoch kaum zu unterscheiden. Sollte so ein Vorfahr unter uns in modischer Kleidung wandeln, er würde kaum auffallen.

Viele Bücher sind über diese Epochen geschrieben worden, und noch ständig gewinnt die immer tiefer in diese Urzeit voller Fragen eindringende Vorgeschichtsforschung neue Erkenntnisse, die immer wieder bisherige Hypothesen ziemlich gründlich über den Haufen werfen. So mancher Wissenschaftler muß dabei die seelische Kraft aufbringen, seine liebgewonnenen Erkenntnisse als widerlegt zu den Akten zu legen. Es ist bestimmt nicht einfach, das zugeben zu müssen – vielleicht sogar nach lebenslangem, hingebungsvollem Forschen.

Direkt am Ortseingang von Les Eyzies, angelehnt an eine überkragende Felswand, die – wie hier so oft zu sehen – den rückwärtigen Teil des Gebäudes bildet, steht ein renommiertes Hotel, das mit Stolz den Namen *Cro-Magnon* führt – fand man doch unweit von hier die ersten Skelette dieser längst ausgestorbenen Rasse. Im Restaurant dieses renommierten Hotels speist man ausgezeichnet, wie wir gleich in Gesellschaft von Périgordiner Freunden miterleben.

## Aufruhr

Einst stieg in besagter idyllischer Herberge mit diesem jedem Prähistoriker bekannten Namen der damalige Präsident der Republik Frankreich auf seiner Reise durch das frühsommerliche Périgord zu einem Kurzaufenthalt ab. Sein Trip ins Land der Trüffeln sollte aber ohne großes Tamtam über die Bühne gehen und war schon fast inkognito zu nennen. Den Einheimischen fiel allerdings bereits

Tage zuvor auf, daß die Gendarmen häufiger als sonst die Straßen der Umgebung wachsam entlangpatrouillierten. Und durchgesickert war auch so einiges. Aber wer achtet schon darauf, denn auf dem Lande verbreiten sich Gerüchte und Latrinenparolen schneller als Fleckfieber und sind zumeist von entsprechendem Wahrheitsgehalt.

Trotz aller Zurückhaltung ist es jedoch üblich – und welcher Präsident braucht nicht auch die Wählerstimmen seiner Landgemeinden für die unweigerlich anstehende Wiederwahl –, die Gemeinderäte kurz zu einem kleinen Umtrunk, zu einem präsidentiellen Aperitif zu laden. Aber – wie gesagt – die Anwesenheit des höchsten Volksvertreters war ja offiziell nicht bekannt, und auf Gerüchte geben Vernünftige nicht allzuviel. Spätes Frühjahr hatte es wohl mal geheißen, aber der genaue Zeitpunkt lag noch völlig im Dunkel. Und so ein Staatspräsident ändert seinen Terminplan sowieso alle paar Sekunden.

Doch nun war er plötzlich doch da – der Herr Präsident im lauschigen Les-Eyzies-de-Tayac, im tiefsten Frankreich, im *Périgord noir*. *Monsieur le maire*, der Bürgermeister, und sein beigeordneter Stellvertreter, sein *maire adjoint*, trommelten aufgeregt nun auf die Schnelle ihre über die umliegenden Weiler und Einödhöfe verstreut wohnenden, nichtsahnenden Gemeinderäte zusammen: »*Conseiller, viens vite. Aujourd'hui à dixsept heures trente le Président de la République t'invite our un apéritif.*«* Bei solch unglaubwürdiger Einladung war Überzeugungskunst gefordert. Da man ja auch sonst gern zu Späßen aufgelegt ist, äußerte sich an vielen Telefonen erst einmal höchst skeptisches bis ablehnendes Staunen, oftmals bald ergänzt von Unmut und unwirschen

---

* »Komm schnell, Gemeinderat. Heute für siebzehn Uhr dreißig lädt dich der Staatspräsident zum Aperitif ein.«

151

Erwiderungen. Etliche fühlten sich erst mal auf den Arm genommen: »*Il faut pas se moquer de moi, mon cher copain. Alors, j'ai d'autre chose à faire. Fiche moi la paix!*«* Oder sogar noch deutlicher bis deftiger. Nach einigem zähen Hin und Her aber konnten alle Angesprochenen dennoch von dieser hochherrschaftlichen Einladung überzeugt werden. Hurtig warfen sich die Damen und Herren in Schale – immer noch mißtrauisch, ob sie nicht doch leichtsinnig einem üblen Scherz aufgesessen waren. Einige auch sprachen sich vorher sicherheitshalber noch mal kurz mit den Kollegen ab. Doch dann eilten sie schnell ins Restaurant des »Cro-Magnon«, um – gleich welcher politischen Couleur angehörend – ihrem Präsidenten die Ehre zu erweisen.

Alle bis auf einen. Denn unser guter Joseph Lépineux, den man in seiner Autowerkstatt erst einmal unter einem Wagen hervorzerren mußte, wo er sich gerade mit einem schwierigen technischen Problem herumschlug, das seine ganze Konzentration beanspruchte, ließ sich durch nichts und niemanden erweichen, geschweige denn überzeugen. Jojo, wie seine Freunde ihn nennen, ist zwar im weiten Umkreis bekannt als besonders fröhlicher, zugänglicher und immer zu Scherzen aufgelegter humorvoller Mann, aber auch dafür, daß er vertrackte Dinge in einem Rutsch und möglichst ohne jegliche Störung erledigen will. Wer läßt sich auch schon gern mit fadenscheinigen Gründen mitten aus einer komplizierten Arbeit reißen, irgendwann muß man dann vielleicht wieder ganz von vorn beginnen. Lépineux war also wegen dieser albernen Störung ganz schön geladen. Ans Telefon gerufen, griff er mit seinen nur notdürftig abgewischten Fingern spitz zum Hörer und bellte aufgebracht

---

* frei: »Mein lieber Freund, mach' dich nicht über mich lustig. Ich hab' Wichtigeres zu tun. Rutsch mir den Buckel runter!«

hinein: »*Salut, Adjoint!* Wer lädt ein? Unser Präsident ins Cro-Magnon? Und ich zum Aperitif bei ihm? Mit all den anderen? Bei mir hat sich aber noch niemand gemeldet. Was Dusseligeres ist dir wohl nicht eingefallen, was? *D'accord*, ich will ja gerne deine Spielchen mitmachen. Richte deinem Präsidenten also aus, *mon cher*, ich sei der Kaiser von China und wenn er einen trinken möchte mit mir, kann er ja später in der Werkstatt vorbeischauen! Aber bitte erst nach Feierabend. Ist ja für ihn ganz in der Nähe vom Cro-Magnon. Er braucht nur über die Brücke zu spazieren. Du weißt, meine Hausbar ist immer bestens sortiert. Besonders natürlich für Präsidenten. Dich und die anderen lade ich leichtsinnigerweise auch gleich mit ein. Und nun laßt mich alle mit eurem Unsinn in Ruhe und meine Arbeit weitermachen, sonst werde ich ernsthaft ungemütlich. Benehmt euch doch nicht wie kleine, dumme Schuljungs! Und denkt euch etwas Glaubwürdigeres aus. *Vous m'emmerdez!*« Sprach's, knallte wutschnaubend den Hörer auf die Gabel und glitt wieder unter die Kühlerhaube. Trotz mehrmaligen Anrufens und auch Hinweisens von Ehefrau und Schwiegertochter, es sei wirklich alles wahr und er möge doch so einsichtig werden, sich umzuziehen und der Einladung Folge zu leisten, blieb er stur auf seinem Rollbrett liegen. Beide Damen versicherten ihm mehrmals, ihnen sei von verschiedenen Seiten glaubhaft versichert worden, daß der Präsident im Ort sei. Worauf er nur kühl zurückfragte: »*Vous l'avez déja vu, votre Président? Ah, non? Eh, alors!*«[*] Niemand hatte ihn bisher im Ort zu sehen bekommen. Und das Hotelpersonal war zur Verschwiegenheit vergattert worden. Man könne doch den Bürgermeister bitten, ihn als Gemeinderat mal persönlich

---

[*] »Habt ihr ihn denn schon gesehen, euren Präsidenten? Ach nein? Na also!«

anzurufen. Doch *Monsieur le maire* war natürlich im Schlepptau des Präsidenten und überhaupt nicht greifbar. So hatte Joseph zu all dem also nur ein höhnisches Lachen für die Weibsbilder übrig, die mit ihrer Leichtgläubigkeit auf so einen platten Unsinn auch noch hereinfielen oder sogar mit den anderen unter einer Decke steckten. Er ließ sich von nichts und niemandem umstimmen und blieb – immer wieder mehr oder weniger leise vor sich hin fluchend – getreulich bei seiner Reparaturarbeit.

Bis kurz vor Betriebsschluß jemand verhalten an die Wagentür des aufgebockten Autos pochte und in gesetzten Worten höflich darum bat, Seine Majestät, den Sohn des Himmels, sprechen zu dürfen. Monsieur Lépineux möge doch unter dem Wagen hervorkriechen, denn es sei nun Feierabend und man möchte ihn mit allen begrüßen und ihn auch mit dabei haben. Noch unter dem Wagen liegend, konnte Jojo den Sprecher zwar nicht sehen, aber am Akzent, besser gesagt am fehlenden Akzent, war sogleich zu erkennen, daß dieser Werkstattbesucher nicht von hier war. Auch kam ihm, wie er später zugab, die Stimme merkwürdig bekannt vor. Zuordnen habe er sie aber nicht können. Also bequemte sich Monsieur in seinem blauen Monteurkittel und von der schmutzigen Arbeit ölverschmiert unter dem Auto hervor, stand ungelenk auf und reichte, noch immer und ohne groß hinzuschauen, dem Besucher seinen Ellbogen zur Begrüßung hin. Der wurde auch sogleich ergriffen, und alle brachen spontan in Gelächter und Hochrufe aus. Vor dem hilflos Verdatterten, nun wie vom Donner gerührten und plötzlich zur Salzsäule Erstarrten, mit ungläubigem Gesichtsausdruck und heruntergefallener Kinnlade, stand – so mir nichts, dir nichts mitten in der Garage – leibhaftig der Präsident der Republik Frankreich persönlich, lächelte ihm freundlich zu und lobte anerkennend, daß so beispielhaft engagiert ausgeübte Pflichterfüllung keineswegs, auch nicht vom ersten Manne im Staate, unterbrochen werden dürfe. Deshalb habe er sich – ganz der Einladung über den Adjoint folgend – nun, wie von Monsieur Lépineux gewünscht, hierherbegeben, um den Kaiser von China seine Aufwartung zu machen. Ein Präsident mit Humor, wie alle vergnügt registrierten. Und wo denn nun die vielgerühmte Hausbar sei mit den selbstgemachten Aperitifs, die es in keinem Restaurant zu kosten gebe? Es folgte ein kurzer, erster Aperitif bei Joseph, der sich danach in Windeseile in seinen besten Anzug warf und anschließend ins Hotel Cro-Magnon zu den anderen hinübereilte.

Auch wenn sie als routinierte und souveräne Gastgeberin bekannt war – dieser unverhoffte Auftritt war für die Dame des Hauses dennoch fast ein Kulturschock. Wer hat auch schon mal so eben und ganz plötzlich und dann auch noch völlig unvorbereitet daheim den Präsidenten der Republik zu Gast zum Aperitif? Eigentlich ja sogar außerhalb allen Protokolls, quasi privat und zum Anfassen vor der häuslichen Bar. Nach Aussagen aller Teilnehmer an diesem außergewöhnlichen Umtrunk, hat sie aber in bewährter und gekonnter Gastgebermanier den besten Eindruck hinterlassen. Muß man ja auch als selbstbewußte Périgordinerin.

Derart bewiesen haben wollte der gute Joseph das alles ja gar nicht. Wenn es auch lustig war für alle anderen, ihm war der ganze Umstand und das Getue um seine Person nun doch ein bißchen zuviel und auch ein wenig peinlich, immer im Mittelpunkt des Geschehens stehen zu müssen. Zwar hatte er sich das alles selber eingebrockt, aber man hatte ihn ganz schön vorgeführt und beinahe zum Gespött der Leute gemacht. Ein erdverwachsener Périgordiner kann das schon mal mit Würde ertragen. Aber bitte nicht zu ausgedehnt, mal muß einfach Schluß sein.

*Monsieur le Président* hingegen war restlos begeistert von der Umgänglichkeit seiner Périgordiner, von ihrer Natürlichkeit, ihren perfekten Gastgeberqualitäten und dem ihm Dargebotenen und wäre, das war ihm deutlich anzumerken, sicher gern noch länger geblieben. Doch so ein Präsident hat es schwer. Er möchte ja gerne zulangen, besonders bei so köstlichen, hausgemachten Rezepten. Aber es gilt, noch den ganzen langen Abend Reden zu schwingen, geduldig Belanglosem Interesse zu zeigen, lauschen, immer kluge Antworten zu geben, möglichst schlagfertig und geistreich, zumindest aber witzig zu wirken, ständig fotogen dreinzublicken und dabei immer höflich und verbindlich zu bleiben. Nicht zu viel sagen, aber auch nicht zu wenig und doch möglichst bestimmt, aber so formuliert, daß auch andere Deutungen möglich bleiben. Immer etwas sibyllinisch und ein wenig Pythia spielen. Also kurzum, ständig auf der Hut und vollkonzentriert, sich nie eine Blöße gebend. Alles mit viel Routine, aber eben nicht nur mit solcher. Da kann man an den meisten Aperitifs leider nur mal eben schnuppern oder bestenfalls nippen. Das ist wie genußvolles Betrachten aus sicherer Distanz – Berühren jedoch bei Strafe verboten.

Warum jedoch sollte man so ein *gros legume*, ein großes Tier (wörtlich: dickes Gemüse), eigentlich überhaupt bedauern? Niemand hat ihn ja gezwungen, Präsident zu werden – nicht einmal die berühmte Stimme des Volkes! Er hat sich seinen Job doch selbst ausgewählt und über Jahre zielbewußt darauf hingearbeitet. Er hat sich auf der Ochsentour gequält, seine Stolperdrähte und Fußangeln ausgelegt, Fraktionen für sich gewonnen und andere geschickt gespalten. Die gegen ihn gerichteten Intrigen aus voller Deckung ins Leere laufen lassen, um eines Tages diese Machtfülle zu erlangen. Nun fordert die Macht unweigerlich ihren

Tribut, und so ein Präsidententerminkalender ist eben unerbittlich. Also schied er wehen Herzens, nicht ohne daß man ihn bat, wenn er es irgendwie noch einrichten könne, so möge er bei seiner Rückkehr doch noch einmal zu einem Schlummertrunk kurz im kleinen Festsaal hereinschauen. Unsere Zurückgelassenen fragten sich nun, wie diesen angebrochenen Nachmittag vollenden? Jetzt sang- und klanglos auseinandergehen? Nach so einer beeindruckenden Begegnung? Und wenn schon alle so schön beieinander sind. Das wäre ja fast wider die Natur eines geselligen Périgordiners. Also weiter im Text. Stimmung und Ambiente festhalten und noch ein bißchen andauern lassen. Natürlich blieb es nun am lieben Joseph hängen. Er war ja gewissermaßen der zweite Stern des Abends. Geziert hat er sich schon, wenn auch nicht allzusehr. Dieses Ereignis mußte mit einem besonderen Dinner, einem *menu présidentiel* gewürdigt werden. Einem Menü der obersten périgordinischen Kategorie, bei dem wir nun genüßlich mitschwelgen wollen, eingeleitet natürlich von einer Suppe.

*Soupe aux châtaignes*

1,5 kg geschälte Edelkastanien (Maronen),
2 kleingehackte Zwiebeln,
1 Stange gewürfelter Sellerie,
1 zerdrückte Knoblauchzehe.
2 EL Gänse- oder Entenschmalz,
2 l Wasser, Salz, Pfeffer.

Die Kastanien blanchieren und gut abtropfen lassen. Dann die Zwiebeln, den Sellerie und den Knoblauch im Gänseschmalz anbraten, bis die Zwiebeln glasig sind. Salzen und pfeffern. Das Wasser angießen und die Kastanien dazugeben. Alles ca. 2 Stunden bei schwacher Hitze kochen lassen und dann im Mixer pürieren. Servieren Sie Crème fraîche dazu. Jeder nehme sich, wie ihm beliebt.

### Escargots de grand-mère

48 Schnecken (mit den Gehäusen)
vorgekocht (12 Stück/Pers.), 100 g Butter,
200 g Petersilie, 1 Knoblauchzehe,
1 kleine Schalotte, 30 g Périgordiner Schinken,
50 g *confit d'oie* oder vom *canard*,
30 g Walnußkerne, Salz, Pfeffer.

Schinken, confit und Nüsse kleinhacken. Im Mixer die Butter mit der Schalotte, der Petersilie und dem Knoblauch mischen! Pfeffern und nur ganz wenig salzen, das confit und der Schinken sind bereits salzig genug. Zum Schluß das vorher Kleingehackte dazugeben und untermischen. Die Masse mit dem Schneckenfleisch in die Häuschen füllen und 10 Minuten bei starker Hitze im Ofen überbacken. Sobald die Füllung goldgelb wird, herausnehmen und servieren.

Und nun das erste Schnäpschen zwischen den Gängen, *le trou normand eau-de-vie de prunelle*, einen hochprozentigen, aromatischen Schlehengeist. Und weiter geht's.

*Perdreau aux morilles* (für 6 Personen)

1 Rebhuhn pro Person, 500 g frische Morcheln,
1 Zwiebel pro Rebhuhn, 10 cl Armagnac,
1 Messerspitze Thymian pro Rebhuhn,
150 g magerer gewürfelter Speck, 2 EL Walnußöl,
30 cl Crème fraîche, 1 Stück Zucker,
Salz, Pfeffer.

Am Abend vorher die Rebhühner, Mägen und Leber in
Armagnac einlegen und beizen. Jedes Rebhuhn innen und
außen salzen und pfeffern und wie folgt füllen: 1 Kügelchen
Butter, 1–2 kleine Morcheln, 2 kleine Würfel magerer
Speck, 1 Leber und 1 Magen, 1 halbe Zwiebel, 1 kl. Messerspitze Thymian. Sorgfältig zubinden. In einer Kasserolle mit
Butter und Öl anbraten. Sobald die Rebhühner bräunen,
den verbliebenen Speck und die halbierten Zwiebeln hinzufügen. Wenn die Zwiebeln glasig werden, mit Armagnac
flambieren, dann 1 Glas Wasser und die restlichen Morcheln zugeben. Bei geschlossenem Topf und schwacher
Hitze 15 Minuten schmoren. Danach den Deckel abnehmen
und unter Zugabe des Zuckerwürfels ein Drittel der Flüssigkeit einkochen lassen. Danach die Crème fraîche einrühren
und alles abschmecken. Sehr heiß servieren.

Wenn es Saison ist, ergeben die Blütendolden der Akazien
ein fast exotisches Dessert, liebliche.

*Beignets de fleurs d'acacia*

1–2 Akaziendolden pro Person,
1 l Teig zum Ausbacken.

Die Akazienblüten sollen voll aufgeblüht sein und stark duften. Am besten morgens taufrisch pflücken und auf einem Tuch abtropfen lassen. Den Teig mit etwas Trester aromatisieren. Die Blütendolden eintauchen und goldgelb fritieren. Dann tropfnaß in Kristallzucker wälzen. (Hier wurden tiefgefrorene verwendet, die den frischen in nichts nachstanden.)

Anschließend *plateau de fromage, café* mit
*Digestif: eau-de-vie de mérisier,* und für die Damen
einen lieblichen *liqueur de coing*

Ausreichender Appetit war durch die reichlich genossenen Aperitifs natürlich überhaupt keine Frage, und die Hilfsmittel zwischendurch, die genußvollen und zelebrierten *trous normands*, ein beliebter Import aus der Normandie, taten ihr übriges und heizten die launige Stimmung an. Alle waren rundum zufrieden mit diesem herrschaftlichen, so entspannt und ungewöhnlich verlaufenen Abend, eingeläutet vom Präsidenten, dem das für kurze Augenblicke mal ausgeklinkte Protokoll sichtlich Vergnügen bereitet hatte.

Und da unsere Truppe sehr ausgedehnt tafelte, ergab es sich tatsächlich, daß *Monsieur le Président* kurz vor Mitternacht noch einmal zum Gutenachtsagen und einem letzten Schlummertrunk hereinschaute. Als ihm die Anwesenden dann auch noch ihr Menü schilderten – in diesem Land der Gaumenfreunden ist die Küche der verbindendste Gesprächsstoff –, wurde er, der bestimmt auch vom Feinsten gespeist hatte, richtig nachdenklich und versprach, so bald wie möglich wiederzukommen, um an einer solchen opulenten Tafel teilzuhaben. Madame Lépineux schenkte ihm für die daheimgebliebene Gemahlin aus eigener Herstellung einige Dosen mit eingemachten Trüffeln, getrüffelter Gänseleber und einem *confit de canard*, was er alles mit sichtlicher Freude entgegennahm.

Sie verriet uns auch noch eines ihrer besonderen Rezepte zur Herstellung einer herzhaften Konfitüre aus unreifen Walnüssen:

*Confiture noix verte*

5 kg unreife Walnüsse in ihrer grünen Schale,
3,5 kg Zucker, 1½ l Wasser.

Die Nüsse sollen noch so unreif sein, daß man mühelos eine Stricknadel durchstechen kann. Die äußere, grüne Haut sorgfältig abschälen, denn diese enthält die Bitterstoffe. Eine Woche lang wässern und das Wasser täglich erneuern. Die so vorbereiteten Walnüsse dann 10 Minuten in leicht mit Essig versetztem Wasser aufkochen und abgießen. Aus $1^1/_2$ Liter frischem Wasser und dem Zucker einen dicken Sirup bereiten, die Nüsse in Scheiben schneiden und 45 Minuten einkochen.

Nicht einmal zwei Wochen später traf ein ganz persönlich und nett geschriebener Dankesbrief der Präsidentengattin bei Familie Lépineux ein. Ein Schreiben, das seither immer mal wieder voller Stolz gezeigt wird.

## Lange vor unserer Zeit

Unter Archäologen ist es üblich, den Ort des ersten Auffindens eines bis dahin unbekannten Reliktes aus der Vorzeit als Namen für die entsprechende Ära Pate stehen zu lassen – für eine Epoche, für einen Menschentypus, für einen Zeit- oder Kulturabschnitt. Um ihn zu ehren, fügt man bisweilen den lateinisierten Namen des Entdeckers an. Nehmen wir das Beispiel des weltberühmten Neandertalers aus dem gleichnamigen Tal bei Düsseldorf oder das des von Otto Hauser ausgegrabenen Cro-Magnon-Menschen mit dem Zusatz *hauseri*.

Eine lustige Ausnahme machte der amerikanische Ausgräber Donald Johanson, der seinen Skelettfund aus dem Afargebirge in Äthiopien, ein weibliches Wesen, das gerade eben Mensch geworden schien, bei der nun anstehenden Taufe sehr entspannt Lucy nannte – außer sich vor Glück über seinen aufregenden, epochalen Fund und beeindruckt von dem damaligen Ohrwurm der Beatles, *Lucy in the sky with diamonds*, einem Song, der abends im Camp aus seinem Transistorradio tönte. Derart locker können sonst so nüchterne Wissenschaftler also auch mal sein. Natürlich hat Lucy auch einen seriösen, wissenschaftlichen Namen: australopithecus afarensis.

Die ersten Cro-Magnon-Skelette fand man 1868 ganz per Zufall beim Bau der neuen Eisenbahntrasse. Für deren Verlegung wurde im Norden von Les Eyzies, eben in Cro-Magnon, ein Berghang angeschnitten. So trat nach Zehntausenden von Jahren des Vergessens hier erstmals dieser Eiszeitmensch wieder ans Tageslicht und wurde ebenfalls auf den klangvollen Namen Cro-Magnon getauft. Erwiesenermaßen waren die talentierten Cro-Magnons die Ausgestalter der prächtigen Höhlengalerien.

Diese nomadisierenden Jäger und Sammler malten aufrecht stehend, sich hoch hinaufreckend, auf dem Rücken liegend oder in der Hocke kauernd und auch schon auf luftigen Gerüsten balancierend. Ihre Gemälde schufen sie unter denkbar ungünstigen Umständen bei dem diffusen Licht blakender Tranfunzeln auf schwierigstem Maluntergrund kahler, rauher Höhlenwände. Da sie auf feuchten Flächen gemalt wurden, kann man diese Gemälde getrost sogar als Fresken bezeichnen. Vor den Gemälden wurden Reste von Mineralfarbknollen zusammen mit den von ihren Schöpfern zurückgelassenen Malwerkzeugen und den mit Docht betriebenen Steinlampen aufgefunden.

Dem steinzeitlichen Künstler des Aurignacien und des anschließenden Magdalénien stand als Malgrund ja immer nur die eine, für sein Sujet ausgewählte Höhlenwand zur Verfügung. Radieren, Retuschieren oder Übermalen war unmöglich. Auslöschen ging schon gar nicht. Deshalb mußte alles auf Anhieb und beim ersten »Federstrich« sitzen; kein noch so geschickter Maler hätte auf dem Stein nachträglich etwas vertuschen können. So ist es im höchsten Maße verwunderlich, fast unglaublich, daß bisher in keiner der prähistorischen Höhlen auch nur eine fehlgezogene Gravur auf den Felswänden entdeckt wurde. Allerdings hat man oftmals schon vorhandene Linien genutzt, um sie in andere Tiere mit einzubeziehen, so daß man bei einigen Zeichnungen von Überlagerungen spricht. Warum so verfahren wurde, ist jedoch eines der vielen ungelösten Rätsel aus dieser Urzeit.

Vollendet beherrschten die prähistorischen Künstler die Perspektive, setzten komplizierteste Proportionen fehlerlos in korrekte Größenverhältnisse zueinander und vollbrachten ihre erstaunliche Kunst bei fragwürdigsten Lichtverhältnissen. Stunden- und tagelang müssen sie beharrlich in den feuchten, ungemütlichen, dunklen Höhlen mit dem Malen zugebracht haben. Ihre ästhetischen Fresken sind eindrucksvoll: Lebensechte Studien von Tieren – fast in impressionistischer bis expressionistischer Manier – in dem sie umgebenden reichen Jagdgründen. Das alles mit nur wenigen Strichen, Gravuren und eher zurückhaltenden, dennoch wirkungsvollen Farbkompositionen unglaublich gekonnt und phantasievoll an die unebenen Gewölbe geworfen.

Geschickt haben die Cro-Magnons Malflächen, Unter- und Hintergrund für ihre Darstellungen ausgewählt und genutzt: Ein herabrinnender Stalaktit ist als Bein einbezogen, eine sichtbare Wölbung im Fels formt die Hinterkeule, eine Mulde wiederum bildet den Bauch, ein Riß im Stein das halbgeöffnete Maul, ein Buckel läßt die Schulter plastisch-kraftvoll hervortreten, ein Löchlein erscheint als Auge, und der Widerrist wird von einem vorspringenden Felsgrat dreidimensional aufgewertet. Eines der hervorstechendsten und plastischsten Kunstwerke, das teilweise in eine Skulptur übergeht, findet sich in der Grotte von Pech-Merle, wo sich eine vorspringende, seitliche und natürlich geformte Felsformation, eine Art Felsnase, als Ausgangssilhouette für einen Pferdekopf anbot und vom Maler entsprechend mit einbezogen und nachmodelliert wurde. In einer beispiellosen Synthese aus Gemälde, Ritzzeichnung, Gravur, Skulptur und Basrelief verschmolz der Künstler hier all diese Darstellungsformen in genialer Weise zu einer unauflöslichen Symbiose. Vermählung von unverfälschter Natur und gestaltender Kunst in höchster Vollendung – und das alles schon vor weit über fünfzehntausend Jahren! Es gehört nicht viel dazu, sich vorzustellen, daß eine sehr lange Entwicklungsphase vorausgegangen sein muß, um eine solche künstlerische Perfektion überhaupt zu erreichen.

Eine anrührende Szene findet sich in der Grotte von Font-de-Gaume bei Les Eyzies, wo sich ein schwarzumrissener Rentierhirsch über eine aus einer – hier früher aus dem Berg sickernden – Quelle trinkende Rentierkuh beugt und ihr zärtlich die Stirn leckt. Das kniende Weibchen ist in roten Linien gezeichnet. Eine Farbzuordnung für die Geschlechter, die man auch in anderen Höhlen findet. Den berühmten und hochverehrten Abbé Breuil, dem seine Kollegen schon zu Lebzeiten den ehrenden Beinamen »Papst der höhlenforschenden Prähistoriker« verliehen, hat dieses Bild dazu inspiriert, die offensichtliche Zuneigung beider Tiere zueinander als die erste Darstellung einer Liebesszene auf dieser Welt zu preisen – *la première scène d'amour.*

Wenn dann beim flackernden Schein offener Flammen durch die Schlagschatten werfenden Felswölbungen und -rücksprünge die Bilder merklich zu wabern beginnen, wird der Zauber vollkommen. Mit etwas Einbildungskraft scheint dieser Effekt den steinernen Tieren dann Leben einzuhauchen. Es ergreift auch uns heutige hartgesottene Realisten, nimmt uns ganz gefangen und läßt die Empfindungen unserer Vorfahren ehrfürchtig nachvollziehen; ihre Gegenwart scheint noch spürbar, so als würden sie um uns herum noch immer durch die Gewölbe spuken.

Da sogar Fußabdrücke vor in Lehm geformten Tierskulpturen im tiefsten Inneren der Höhlen verblieben sind – so gesetzt, daß sich unzweifelhaft Tanzschritte aus ihnen ablesen lassen –, kann diese Kunst immer sicherer eingeordnet werden. Besonders diese hinterlassenen Urzeitabdrücke und an einigen Stellen auch Skizzen fallenartiger Gitter oder auf die Tiere zufliegende Pfeile weisen darauf hin, daß die dekorierten Höhlen Heiligtümer waren und – so wird angenommen – irgendwelchen Jagdzauber, Beschwörungen und anderen religiösen Kulthandlungen oder auch Initiationsriten dienten.

Eine ungelöste Frage ist es, warum menschliche Darstellungen nur äußerst selten vorkommen und wenn, dann ungewöhnlich unbeholfen, schematisch, fast maskenhaft erstarrt. Von einem ansprechenden Antlitz gar ist nirgends etwas zu sehen. Vielleicht sind es verkleidete und maskierte Schamanen, dargestellt in trancehaften Beschwörungstänzen. Die offensichtliche Unterdrückung menschlicher Darstellungen läßt sich nicht recht mit der perfekt wiedergegebenen Fauna vereinbaren, steht deren vollendeter Linienführung eigentlich rätselhaft entgegen und verlangt nach Deutung. Zumal uns die Perfektion der Tierdarstellungen so ungeheuer fasziniert.

Die scheinbar wahllos zwischen den vielen Tierzeichnungen plazierten sogenannten tektonischen Formen sind bisher noch unerklärliche, abstrakte, geometrische Zeichen und lassen die Forscher über Bedeutung und Aussage rätseln. Da man sie nicht mit Bestimmtheit einordnen kann, geben sie Anlaß zu vielerlei Spekulationen. Ebenso die auf die Höhlenwände als Negativabdruck projizierten Handsilhouetten. Um diese Abdrücke zu erzielen, wurde Farbe mit Blasrohren über die auf die Felswand flach aufgelegten Hände gesprüht und so das negativ ausgesparte Handmotiv abgedruckt. Den Händen fehlen teilweise Fingerglieder oder ganze Finger. Sie scheinen verstümmelt zu sein. Für diese oftmals über den Beutetieren angebrachten Handnegative hat man bisher nur die eine plausibel erscheinende Erklärung parat, es könne sich vielleicht um besitzergreifende Symbole handeln. Alles liegt so weit im urzeitlichen Dunkel und Denken, daß auch die seriösesten Archäologen sich bisweilen in Vermutungen flüchten müssen, dabei sehr vorsichtig – wie Wissenschaftler nun einmal sind – Vorbehalte über Vorbehalte in ihre Hypothesen mit einbauend.

Unter den Urzeitmalern waren begabte Meister, möglicherweise Medizinmänner, vielleicht sogar Auserwählte, die, so glaubt man belegen zu können, damals schon Kunstausbildungen absolvierten. Denn bei Ausgrabungen hat man vor einigen Höhleneingängen Stein- und Knochenplatten mit vielen, im ersten Moment wirren Linien gefunden, die, verfolgt man sie jedoch genau, Tierumrisse festlegen. Das könnten doch – so wäre es durchaus vorstellbar – fein ziselierte Lernschablonen für die angehenden Kunstmaler gewesen sein.

Es scheint auch so, daß ein und dieselben anonymen Maler an mehreren Orten ihre Visitenkarte hinterließen und sich so verewigten – zwar namenlos, aber bis ins Heute aus dieser fernen Urzeit grüßend. Einige Tiere sind sich zweifelsohne so sehr ähnlich in Form, Farbe und Ausdruck, zudem in einem sehr persönlichen Malstil gehalten, daß es kaum mehr eine Vermutung ist, sie könnten von derselben, kunstfertigen Hand stammen. Eine sicher gar nicht so abwegige Hypothese – zwar nicht beweisbar, jedoch eindrucksvoll.

Es ist keinesfalls übertrieben oder enthusiastisch verklärt, diese Gemälde als genial zu bezeichnen. Von den verewigten Tieren gehen noch heute nach Jahrzehntausenden eine verblüffende Lebendigkeit, Frische und Bewegungsdynamik aus, die jeden Betrachter unweigerlich in Bann ziehen. Die künstlerischen Hinterlassenschaften gelten immer noch als etwas Exotisches und letztlich auch Unfaßbares. Über alle Maßen beeindruckt, gewinnen wir nun die Erkenntnis, daß unsere Vorzeit bunt und beileibe nicht so grau war, wie lange vermutet.

Mit Hochachtung stehen wir vor all diesen Meisterwerken, die uns unvermittelt ein hell erleuchtetes Fenster in die bis noch vor kurzem in totaler Finsternis liegende Vorzeit aufstoßen – eine Art geistige Rückkehr zu den Anfängen der Menschheit. Zu einer Kunst, die dann – man ist versucht zu sagen glücklicherweise – über Zehntausende von Jahren dem Vergessen anheimgefallen war und sich ihren Platz erst wieder in unserer Zeit nach zähem Ringen um ihre Echtheit zurückeroberte. Daß aber sämtliche Höhlenmalereien – ohne Ausnahme – so vollständig in Vergessenheit gerieten, ist ebenfalls eines der vielen Geheimnisse, die diese rätselhaften Grotten heute noch umgeben, sie so unwirklich fern und doch so nah erscheinen lassen. Wollten unsere Ahnen bewußt der Nachwelt etwas hinterlassen? Ihr etwas mitteilen? Solche Beweggründe andeutend, hat ein Prähistoriker einen philosophischen Lehrsatz aus der griechischen Antike wie folgt abgewandelt: »Ich male, also bin ich!« Demnach schlicht und einfach eine urzeitliche Botschaft des Seins.

Grotten als Sanktuarien, als heilige Begegnungsstätten, in denen der Mensch Verbindung zum Überirdischen aufnehmen konnte, müssen bereits in grauester Vorzeit eine sehr zentrale Rolle im Denken und Fühlen unserer Urahnen gespielt haben. Auch für uns Heutige bedeuten Höhlen immer noch etwas Mystisches, Magisches, von der diesseitigen Welt Abgeschiedenes. Vielleicht ein letztes Aufflackern aus fernen, fernen Urzeiten?

Man versucht jetzt über Anleihen bei noch praktizierenden Schamanen zurückgezogen lebender Naturvölker an die Denkweise unserer Vorfahren heranzukommen, um auf diesem Pfad besser verstehen zu lernen und zu analysieren, was sie einst bewegt haben mag, was sie mit ihren ikonengleichen Bildern wirklich bezwecken wollten. Sicher ein lobenswerter und auch logischer Versuch, getragen von großen Erwartungen. Ob er aber auch gelingt? Es werden Zweifel angemeldet. Und Zweifel gehören zur Wissenschaft ebensogut wie Erkenntnisse. Diese Naturvölker sind zwar auch Jäger und Sammler, die teilweise noch ungebunden durch ihre Wildnis schweifen. Aber denken sie wirklich so wie ihre Urzeitvettern vor gut zwanzigtausend Jahren oder noch früher?

Natürlich haben die Kunsthistoriker für alles einen Sack von teilweise recht widersprüchlichen Erklärungen. Einleuchtend sind viele – überzeugend längst nicht alle. Und da nur wenige stimmen können, verbleiben somit Zweifel über Zweifel, doch Wissenschaftler streiten gern und mit viel Energie – wobei die unterschiedlichen Versionen teilweise auch den tendenziellen Neigungen der jeweiligen Fakultäten entsprechen.

Fragen über Fragen also, aber aufregend und spannend, denn sämtliche Gene dieser Menschen – darüber müssen wir uns im klaren sein – tragen wir noch heute in uns. Aus ihnen ist der moderne Mensch hervorgegangen – wir. So bleibt zu hoffen, daß dieser Wissenschaftszweig immer tiefer in die Geheimnisse der menschlichen Entstehungsgeschichte eindringt, immer mehr Fragen lösen kann, Hintergründe aufhellt und Erklärungen bereithält.

Die derart unaufhaltsam voranschreitende Vorgeschichtsforschung wird uns eines Tages vielleicht auch helfen können, auf viele unserer bisweilen abstrus erscheinenden heutigen Verhaltensweisen Antworten zu finden. Also nicht Forschung um ihrer selbst willen im Elfenbeinturm und abgehoben von der Realität, wie so manch unverständiger, oberflächlicher Vorwurf lautet, sondern versuchter Brückenschlag vom aktuellen Leben zum nebulösen Vorvorgestern. Archäologie mit Entdeckungen, vielleicht sogar Offenbarungen aus dunkler Vorzeit zum Erhellen der oftmals gar nicht so klaren Gegenwart.

Höhlen mit Bildern, Zeichnungen und Gravuren werden fortwährend neue entdeckt – sogar mit Eingängen tief unter dem heutigen Meeresspiegel, wie erst kürzlich an der Côte d'Azur. In einer Tiefe, die in der Eiszeit trocken lag. Die Forschung ist also voll im Aufwind. Ihre Erkenntnisse wachsen zusehends, so daß wir sicher sein können, künftig immer noch Neues und Aufregendes erfahren zu dürfen.

# *Michoui*

Viel von unserem Vorgeschichtswissen haben wir uns ange-
lesen – sofern wir nicht die Universität besucht haben. Die
populärwissenschaftliche Literatur über die Vor- und Urgeschichte ist umfangreich und zumeist auch spannend zu
lesen. Ständig gibt es neue Publikationen, so daß einem der
Stoff nie auszugehen droht. Viel kann man hier auch direkt
von den Prähistorikern im Périgord erfahren, die man bei
ihrer Feldforschung vor Ort beobachten und denen man in
den Pausen oder beim Aperitif Löcher in den Bauch fragen
kann. Nur wenige leben gedanklich verankert in einem
Elfenbeinturm und sind von Laien kaum ansprechbar. Die
große Mehrheit jedoch ist sehr aufgeschlossen und echt
erfreut, wenn ihre Fakultät bei Wißbegierigen auch außerhalb der Universitäten Widerhall findet, sie von ihren neuesten Erkenntnissen und Entdeckungen erzählen können
und aufmerksame Zuhörer ihnen wißbegierig lauschen. Bisweilen hat man den Eindruck, daß sie sich sogar lieber mit
Außenstehenden unterhalten als mit ihren Fachkollegen,
die natürlich immer auch zu Gegenpositionen, zumindest
kritischen Anmerkungen geneigt sind. Fachsimpeleien mit
Amateuren, die dieses Wissensgebiet zudem noch zu ihrem
Hobby erkoren haben, also nicht ganz unbedarft sind, bereiten ihnen offensichtlich mehr Vergnügen als anstrengende bis fruchtlose Dispute mit ihresgleichen.

Unser Nachbar unterhalb des Hanges, der auch wissenschaftlicher Verwalter einer in der Nähe gelegenen, tief in
den Berg führenden Grotte mit zahlreichen Gravuren ist –
die wir deshalb vertraut und ein wenig besitzergreifend gern
unsere Hausgrotte nennen –, schätzt sich sogar recht glück-
lich, immer mal wieder außerhalb seiner Fakultätskollegen

mit Hobbyprähistorikern Gedanken auszutauschen. Er ist der Meinung, daß diese Freizeitarchäologen viel unbefangener an die vielen ungelösten Fragen herangehen, teils sogar als Querdenker immer mal wieder neue, im ersten Moment abwegige Impulse geben, an die sich ein im Metier Befangener – manchmal sagt Franc selbstkritisch, er sei eben doch Fachidiot – nicht so locker herantraut. Es ist ganz einfach – ein Nichtwissenschaftler hat eben keine harsche Kollegenschelte zu befürchten.

Von Laien Gedachtes ist allerdings manchmal auch recht abstrus. Aber das kann man ja geflissentlich überhören oder versuchen, sanft beeinflussend dann auf den rechten Pfad der gesicherten wissenschaftlichen Erkenntnis zu führen. Das gelingt aber nur, wenn diese *Dänikenisten* – wie unser Hausarchäologe sie gern tituliert – nicht allzu abwegig bis borniert in ihrem Freidenkertum verharren. Einige – insbesondere die mit arroganter Unbildung – maßen sich dann auch noch an, so ziemlich alles, was Wissenschaft und Forschung unter Mühen und nach sorgfältigem Abwägen von Fakten und Denkmodellen herausgefunden und auch teilweise schon bewiesen haben, überheblich und sophistisch vom Tisch zu wischen.

Bei einem nicht unbedingt sanft dahinplätschernden Fachgespräch auf unserer mittäglich besonnten Terrasse brachte Franc beim Aperitif den Stein ins Rollen. Seine anfänglich überhörte Bemerkung in einer Diskussionspause: »Bei euch wäre das ja ideal, um mal ein richtiges Michoui zu veranstalten« bekam dennoch so allmählich Gestalt. Ein Michoui – das Wort kommt wohl aus dem Arabischen – ist eine Grillparty mit Klavier und Geige. Platz, um draußen auf dem vor unserem Haus gelegenen Wiesengrund alles aufzubauen, haben wir übergenug. Vereinzelt stehende Bäume verleihen dem Gelände einen parkartigen Charakter und spenden ausreichend Schatten. Sitzgelegenheiten müssen eben organisiert werden. Am besten Holzbänke und -tische, die man für ein solches Gartenfest anmieten kann. Als der Gute merkte, daß wir gar nicht so abgeneigt schienen, hakte er sofort nach, steigerte sich so richtig in seine Idee hinein und schilderte alles in den höchsten Tönen. Dabei malte er die Grillgerichte so genießerisch aus, daß wir schon vom bloßen Zuhören hungrig wurden. Auch einen Grund hatte er sofort parat: »Wir feiern Utes Nichtgeburtstag.« Dieser so ungeheuer wichtige und beeindruckende Anlaß hat dann auch den letzten Zweifler alsbald überzeugt. Nur Ute, die nun dafür herhalten sollte, war ein wenig schwieriger zu gewinnen – für den fadenscheinigen Grund, nicht für das Michoui. Was blieb uns also übrig; wir waren auch Feuer und Flamme. Ein Datum festzulegen war noch das Einfachste. Doch zur Zusammenstellung, was serviert werden sollte, wo und wie was zuzubereiten und zu organisieren sei, bedurfte es noch vieler planerischer Treffen.

Diese Vorbereitungszeit mit ihrer Anforderung an Kreativität und Trinkfestigkeit ist gewissermaßen immer das Erbaulichste von allem. Möglichst périgordinisch sollte es natürlich ausfallen, aber auch Abwechslung durch andere Zubereitungen war gefragt. *Merguez, chorizo, boudin* und Pasteten vorweg. Mixed Pickles, *cornichons* und all das andere, eingemachte, saure Zeug ist auch einfach zu beschaffen. Und wer will, bedient sich direkt aus dem eisernen Suppenkessel, in dem über offenem Feuer ein typischer, périgordinischer *tourin* vor sich hinköchelin wird. Am besten ein, zwei Hammel am Spieß braten – warum eigentlich nicht gleich eine ganze Herde? Die Hammel könne sein Bruder uns preiswert liefern, denn der habe einen Schäferei. Und kurz vor dem Tranchieren des knusprigen Fleisches den Geschmack mit Wacholderrauch verfeinern! Büsche wachsen hier ja zuhauf. Das alles war also schon einmal abgehakt.

Raffinierte Saucen zum Fleisch – einige bereiteten wir selbst, andere kauften wir dazu – und Salate, jede Menge Salate sind vorzubereiten. Grüner und solcher mit und ohne Mayonnaisen und – ja, Ute bestand darauf – auch ein urdeutscher Kartoffelsalat, wie man ihn in Frankreich nicht kennt, sollte mit auf den Tisch. Skeptisch war niemand, denn von ihren Kochkünsten sprachen inzwischen viele Nachbarn mit Hochachtung. Kochte sie ihnen doch hin und wieder ein typisch deutsches Gericht, das die Périgordiner (kann man außerhalb des Périgord überhaupt kochen?) anfänglich nur mit Zurückhaltung beäugten, vorsichtig davon kosteten und dann aber so richtig zulangten. Als Beilage gibt es *pommes sarladaises*. Zum Abschluß die Desserts. Eis scheidet aus, denn so viel können wir gar nicht gefroren bereithalten. Reihum *gâteaux aux noix* zu backen wäre die beste Lösung. Und eine riesige Früchteschale, die sich auch besonders dekorativ macht.

Also setzten wir uns an den kommenden Tagen mit unseren Freunden und Mitorganisatoren zusammen und stellten einen Schlachtplan auf. Niemand drückte sich bei den anstehenden Aufgaben. Franc als Initiator beanspruchte für sich die Regie, was besonders uns als Veranstaltern sehr gelegen kam, hatte er dann doch auch die Hauptverantwortung. Schön rund sollte alles werden, aber auch nicht zu ausufernd. Ideen wurden geboren und wieder verworfen. Was wurde nur alles angeregt, heiß diskutiert und schließlich dann angenommen und verabschiedet. Und gleich auch einem Verantwortlichen zugeteilt. Eine Firma wurde ebenfalls gefunden, die solche Feste unter freiem Himmel bestückte. Schon bei der Vorbereitung flossen Pastis und Kir in Strömen. Franc, der für sein Leben gern Kir trinkt, hatte am Ende eine ganze Flasche *Crème de Cassis* geköpft – natürlich mit dem dazugehörigen Wein. Flaschen über Flaschen, deren Anzahl wir schamhaft lieber nicht nachzählen wollen, wurden durch die durstigen, vom vielen Diskutieren erhitzten Kehlen gejagt. Und wenn man bedenkt, daß dieser leichte Likör aus Schwarzen Johannisbeeren ja nur zum Kolorieren und zur Geschmacksabrundung des Weißweins dient, um diesen bekömmlichen und schmackhaften Drink aus dem Elsaß zu mixen, dann muß schon eine gehörige Menge Wein geflossen sein. *Kir:* einen Schuß Likör von Crème de Cassis zu einem Glas Weißwein oder als Steigerung ein – noch edlerer – *Kir royal,* das gleiche mit Sekt oder Champagner.

Fast eine permanente Einstiegsfeier über Tage hinweg bis in die späten Abendstunden hinein, so daß es besser war, die Vorbereitungen nun so allmählich abzuschließen, um das Fest erleben zu können, noch bevor wir alle endgültig dem Alkohol verfallen oder allgemeine Leberzirrhose weiteres Feiern unmöglich machen würde.

Bei gegrillten Sardinen jedoch stellte ich mich quer. Es half allerdings nichts, denn Bernard bestand darauf und überzeugte mit seiner Redebeflissenheit – eine durchaus typische Eigenschaft der lebhaften Aquitanier – schließlich die Mehrheit, daß Fisch – und ganz besonders Seefisch – im Périgord sowieso viel zu stiefmütterlich behandelt würde und zur Abrundung unbedingt aufgetischt werden müsse. Sicher hatte er recht, aber das Argument ließe sich natürlich auf alle möglichen und unmöglichen Produkte ausweiten. Glücklicherweise wurde es aber sonst nicht weiter strapaziert. Da er die Zubereitung selbst übernehmen wollte und dafür auch alle Gerätschaften bereitstellen würde, mußte ich mich schließlich geschlagen geben. Also gut, aber über einem separaten Feuer und wegen der Dünste etwas weiter abgelegen. Dort in der hintersten Ecke vor der Buchsbaumhecke. Die fangfrischen, zartsaftigen Atlantiksardinen schmeckten dann übrigens vorzüglich und waren als erste in Null Komma nichts verputzt. Natürlich ganz zum Stolz unseres mutigen Fischgrillers, der uns noch monatelang hinterher unsere anfängliche Ablehnung unter die Nase rieb. Der Wein – rot, weiß und rosé – wurde in erklecklichen Mengen aus bereitgestellten Fässern gezapft, die man mitlieferte. Schon das allein bringt Stimmung. Unserer Herkunft verpflichtet, erwartete man von uns natürlich auch deutsches Bier, das es seit Jahren schon in jedem französischen Supermarkt zu kaufen gibt. Als Süßwein zum Dessert wurden mehrere Flaschen des hier heimischen *Montbazillac* gekühlt. Keiner aber trank wirklich über den Durst, zumal man an der frischen Luft einiges mehr an Alkohol verträgt als in verqualmten Räumen. Und durch das angeregte Plaudern werden auch die ansehnlichsten Mengen automatisch gestreckt. Saucen auf Mayonnaisebasis standen über das ganze Buffet verteilt. Den Geschmacksrichtungen kann jeder freien Lauf lassen. Eine aber gehört zur »Standardausrüstung«, die Knoblauchsauce:

### *Ailloli*

1 Eigelb, 6 Knoblauchzehen, 3 dl Olivenöl,
1 TL Zitronensaft, Salz, Pfeffer.

Die Knoblauchzehen in der Knoblauchpresse zerdrücken und unter das Eigelb mischen. Unter ständigem Schlagen mit dem Schneebesen tropfenweise Öl dazugeben und so eine Mayonnaise bereiten. Sobald die Masse entsprechend steif geworden ist, mit dem Zitronensaft, Pfeffer und Salz abschmecken.

Stets verbreiten Salate Frische und reizen zum Zulangen, beispielsweise ein périgordinischer

## Mesclou aux noix

Ein hier typischer Salat, den man mit der üblichen Salatsauce (Essig, Walnußöl, Dijonsenf, Knoblauch, Salz und Pfeffer) anmacht. Das Mischungsverhältnis der nachfolgenden Salatpflanzen bestimmen Sie je nach Saison und Geschmack:

Kopfsalat, Batavia, Frisée, Radicchio,
Endivien (Chicorée), Romain, Kresse,
Kerbel, Sauerampfer.

Die Salate in passable Stücke schneiden und reichlich kleingehackte Walnüsse untermischen. Zu Abrundung der Salatsauce können Sie ein hartgekochtes Eigelb dazugeben.

## Salade de pissenlit

500 g Löwenzahn, 100 g durchwachsener Speck,
15 cl Walnußöl, 3 cl Weinessig, 1 TL Dijonsenf,
1–2 Knoblauchzehen, Salz, Pfeffer.

Den gewaschenen Löwenzahn gut abtropfen lassen, am besten in einer Salatschleuder trockenschleudern. Den Speck würfeln, auslassen und danach in Walnußöl erhitzen. Die Salatsauce anmachen, den Löwenzahn zugeben, alles mit dem Speck und Walnußöl übergießen und gut mischen.

*Salade d'endives du pays*

6 Kolben Chicorée (Endivien),
180 g Schinken (roher oder gekochter),
3 hartgekochte Eier,
100 g Gruyère, 10 cl Walnußöl,
Salatsauce siehe oben.

Die Endivien in Scheiben schneiden, die anderen Zutaten
würfeln und alles gut mischen.


*Salade de pommes de terre Cazalou*

1 kg kalte Pellkartoffeln,
200 g durchwachsener, gewürfelter Speck,
1 große Zwiebel, 3–4 EL Mayonnaise,
3 Gewürzgurken,
3 hartgekochte Eier, 1 säuerlicher Apfel,
1 EL Dijonsenf, Saft einer Zitrone,
Salz, Pfeffer, 1 Tomate und
Petersilie zum Garnieren.

Man nehme nur festkochende Kartoffeln. In dünne Scheiben schneiden. Den Speck und die kleingeschnittenen
Zwiebeln in etwas Öl auslassen. In einer großen Salatschüssel die Mayonnaise mit den kleingewürfelten Zutaten vermengen. Sollte diese Mischung eventuell zu steif sein, kann
mit etwas Dosenmilch verdünnt werden. Die Kartoffelschei-
ben unterheben und alles gut mischen. Abschmecken und
3–4 Stunden ziehen lassen.

Waffeln, die immer wieder frisch zubereitet werden können, eignen sich sehr gut für ein Gartenfest. Elektrisch betriebene Waffeleisen sind im Handel erhältlich. Man kann aber auch eiserne Waffeleisen nehmen, die dann in die Holzkohleglut gelegt werden.

Den Waffelteig bereiten Sie wie folgt zu:

350 g Mehl, 6 Eier, 30 cl Milch,
200 g Zucker, 5 g Salz, 5 cl Rum,
100 g Butter, 1 Päckchen Vanillezucker,
fetter Speck zum Einfetten der Waffeleisen.

Das Mehl in eine Schüssel geben und eine Vertiefung machen. Dann die geschlagenen Eier, den Zucker, das Salz und ein Drittel der Milch in die Kuhle füllen. Alles gut durchmischen und dann die restliche Milch, den Vanillezucker, den Rum und die vorher zerlassene Butter unterrühren. Den Teig eine Stunde ruhen lassen. Die Waffeleisen werden mit dem Speck eingefettet, damit der Teig nicht ansetzt. Ca. 3–5 Minuten im Waffeleisen backen. Zu den Waffeln kann man je nach Geschmack und Wunsch zur Abwechslung Konfitüren und Puderzucker reichen.

Erwartungsvoll trudelten am Nachmittag so nach und nach alle ein und ließen Ute erst einmal zu ihrem Nichtgeburtstag hochleben. Der Alkohol lockerte die Zungen und war das Lebenselixier für endlose Gespräche in der lauen Sommernacht unter freiem Himmel. Alles war reichlich vorhanden. Man mag es Ästhetik, Luxus oder Marotte nennen, wir leisteten uns richtiges Porzellangeschirr, von dem nach unserer Ansicht alles noch mal so gut schmeckt als von lappigen

Papptellern. Bis Mitternacht säbelte der engagierte Grill-koch das Fleisch vom Spieß und füllte die Teller nach. Zwischendurch immer mal wieder ein paar Löffel Suppe und – *chabrol*. Später bediente sich jeder selbst. Eine Lust und Freude, deren Erinnerungswert über Jahre weitergetra-gen wird und eigentlich nie endet. Noch heute sprechen wir immer wieder von der trunkenen, sternklaren, warmen Michoui-Nacht – *à la belle étoile à Cazalou* – unterm freien Himmel von Cazalon. Alle hielten stramm durch, und die ersten Gäste verließen das Fest erst weit nach Mitternacht. Einer unserer Gäste, der ständig zu Späßen aufgelegte Pier-rot – immer einer der ersten, wenn's ums Feiern geht –, meinte gleich und sehr anzüglich zu Beginn des Gartenfe-stes, und tat das auch gegenüber den anderen immer wieder lauthals kund, diese Einladung sei doch gewiß mit Früh-stück. Er sei darauf eingerichtet und gespannt, mit wem er bei Sonnenaufgang dann seinen *café crème*, seinen Milchkaf-fee, trinken werde. Die kalte Pracht der Kellnersonne genü-ge ihm nicht. Er müsse unbedingt das Tagesgestirn hier auf Cazalou aufgehen sehen. Und so kam es dann auch. Die Riesensause dauerte bis weit in den nächsten Morgen hin-ein; die Gastgeberin war überhaupt nicht darauf eingerich-tet. Alles mußte frisch vom Bäcker herbeigeschafft werden. Noch nie wurde in unserem Haus so viel Kaffee auf einmal getrunken, wurden so viele *croissants, pains au chocolat, chaus-sons* und *baguettes* mit den verschiedensten Marmeladen vertilgt. Zu Wurst oder anderem Herzhaften war keiner zu überreden – ausgenommen Cornichons für die Verkater-ten. Wer noch den Durchblick hatte, kam sich eher vor wie in einem großen Pfadfinderlager.

# Besinnliches

Beim geselligen Beisammensein und Plaudern taucht immer wieder die Frage auf, was man denn in heutiger Zeit eigentlich nicht versäumen dürfte, was man sich als beeindruckendes Erlebnis unbedingt gönnen müsse. Dabei sind es sicher nicht die materiellen Dinge, die man mit mehr oder weniger finanziellem Aufwand erwerben kann – ein jeder nach seinem Geldbeutel. Es sind vielmehr die Kultur- und Zivilisationserrungenschaften, die unser Leben reicher, bunter, interessanter und vor allem auch heiterer machen können, ganz nach persönlichem Empfinden und Geschmack. Jeder hat da so seine eigenen Vorstellungen und Wege. Ansprüche und Erwartungen sind ganz unterschiedlich. Und das ist gut so – das macht eine Gesellschaft aus und bereichert sie. Dennoch sind wir Menschen eingebettet, sogar eingebunden in unsere lange Entwicklungsgeschichte, die uns immer noch aus den tiefsten Tiefen unseres Unterbewußtseins mitlenkt – Auswirkung unserer allmählichen Menschwerdung, deren Wurzeln nach neuesten Erkenntnissen immer weiter zurückreichen, inzwischen schon etliche Millionen Jahre. Mit jedem neuen archäologischen Fund in Ostafrika, wohl der Wiege der Menschheit, wird diese Zeitspanne um Äonen weiter zurückgeschraubt. Die Vergangenheit wirkt zwar in das Heute hinein, ist aber unwiederbringbar verloren. Das Heute prägt unseren Weg, bestimmt unser Leben, unser Streben und unser Handeln.

Das Morgen bleibt immer nur eine Vision. Also gilt es, Zeichen zu setzen – heute –, wenn wir die Zukunft nicht verlieren wollen. Und das erst einmal ganz allein, ein jeder für sich selbst. Zur Besinnung und Einkehr. Nichts Aufwendiges, trotzdem Beeindruckendes soll es sein, es darf durchaus auch eher Bescheidenes sein und kann, den Blick auf die umgebende, immer mehr gefährdete Umwelt schärfend, auch sehr wohl zu Hause geschehen. Wer sich aber aufmachen will, den Horizont zu überschreiten, der kann folgende faszinierende Überlegungen anstellen, die uns ein wenig an unsere Wurzeln, an unsere Urgefühle rühren lassen, mit Erfahrungen, die in uns dringen und uns gewiß weiterbringen.

## *Nacht*

Eine Nacht, abgeschieden weit draußen im afrikanischen Busch, nur die Zeltwand zwischen sich und dem Rumoren der Wildnis, einer Tierwelt, die nachts viel lauter zu vernehmen ist als tagsüber, bis hin zum markerschütternden Gebrüll der Löwen, von denen man meint, sie müßten jeden Augenblick zähnefletschend die Persenning aufreißen. Schauerlich das Jammern der Hyänen, das Heulen der Schakale und der vielen anderen Tiere, die wir nie zu Gesicht bekommen, das uns aber eine (wohlige?) Gänsehaut verschafft. Aus unseren Kindertagen erinnern wir uns lebhaft an diesen eigentümlichen Hang zum Gruseln. Mit unseren Augen, die das Dunkel nicht zu durchdringen vermögen, und mit Ohren, die zwar Geräusche vernehmen, sie aber weder orten noch der Größe nach einordnen können. Gerade mal die Entfernung meinen wir – wenn auch mit einigen Zweifeln – bestimmen zu können. Aber das kann fatal täuschen. Geräusche in dunkler Nacht tragen so weit, sind so trügerisch, daß man hinter dem Tönen des Ochsenfrosches ein Riesenvieh vermutet und das zarte Fiepen des Nashorns einem Kuscheltier zuordnet. Nur der trompetende Elefant ist sicherer einzuordnen. Unser Ohr ist ein Organ, das wir, verglichen mit den Fähigkeiten unserer Urahnen, nur noch unvollkommen zu nutzen vermögen. Zwar ist mit zwei Ohren alles schön in Stereo zu vernehmen, aber nicht dreidimensional zu erblicken, vielmehr unwirklich, unfaßbar, täuschend und bisweilen furchteinflößend – und doch nur deshalb, weil beim Hören zu viel für uns nicht einschätzbar im Verborgenen bleibt.

Während der Tagundnachtgleiche kann solch eine (freiwillige) Nachtwache – an Schlaf ist da kaum zu denken – geschlagene zwölf Stunden dauern. Beginnend mit dem noch mit Freuden genossenen, in den Tropen abrupten und frühen Sonnenuntergang, bis zum immer sehnlicher erwarteten, dann auch ganz schnell heraufziehenden, glutroten Sonnenaufgang. Kaum jemals wieder wird das heißersehnte Erscheinen des Tagesgestirns, von dem wir noch nie so abhängig waren, mit so intensiver Freude empfunden wie nach einer solchen, mit zeitweisen Schaudern durchwachten Nacht. Die nächtliche Anspannung weicht nur langsam, und eine befreiende und aufmunternde Erleichterung ergreift uns Tageslichtgewohnte. Mehr und mehr erfassen wir den heranbrechenden Tag – Menschsein als freudiges Ereignis, gleichbedeutend mit einer zaghaften Wiedergeburt.

Eine unglaubliche, sanfte Ruhe und Friedfertigkeit kehrt dann mit einemmal in uns ein, breitet sich für Tage auf unserer Seele aus. Kurzum, ein ergreifendes und prägendes Naturerlebnis wohligen Bangens – aber in Sicherheit erlebt. Gefühlsregungen vermittelnd, die uns Städtern inzwischen völlig abhanden gekommen sind. Sie geleiten uns in unser Innerstes zurück und zeigen plötzlich ganz unbekannte Bewußtseinsebenen auf, die neugierig stimmen und auch auf bestimmte Art und Weise mit einem eigenartigen Glücksgefühl und Sicherheit erfüllen.

## Flug

Doch wenden wir uns einem weiteren Erlebnis zu, einem in der realistischen Moderne angesiedelten. Den größten Traum seit Bestehen der Menschheit für sich zu verwirklichen, sollte sich jeder einmal überwinden und alle Ängste beiseite schieben. Fliegen – sich hinaufschwingen in die unendlichen, grenzenlosen Weiten des Firmaments. Adlergleich zwischen Himmel und Erde, Flure und Wälder, Berg und Tal, Bauten und die dazwischen herumeilenden Menschen ameisenwinzig unter sich lassen und spüren, wie nichtig, wie unscheinbar ein einzelnes Leben unter den Abermilliarden der uns umgebenden Wesen in diesen riesigen Weiten ist. Sich reduzieren auf das, was wesentliches Empfinden unseres Selbst ist.

Aber möglichst kein Erlebnis in einem luxuriösen Jumbojet, sondern in einem kleinen, einmotorigen Hüpfer, einer Sportmaschine, oder noch besser in einem Segelflugzeug, das die Turbulenzen und Luftbewegungen ganz direkt empfinden läßt. So deutlich, daß die Aufwinde an den Berghängen spürbar sind, über den hellgelben, abgeernteten Stoppelfeldern bei der starken Sonneneinstrahlung im August unsere kleine Maschine wie mit einer Riesenfaust unvermutet packen und in die Höhe heben. Wir halten nur noch die Luft an, und ganz ehrlich – Beklemmung macht sich breit. Die Elemente hautnah erleben, mit der Erfahrung, daß Luft

auch Masse ist. Ängstlichen sei versichert, daß solche Flug-
maschinen, die zwar dem Einfluß von Wind und Wetter
spürbarer unterworfen sind, als so ein pfeilschneller, hoch
in der Stratosphäre dahinzischender Düsenclipper, zum
Trost aber mit einem längeren Gleitwinkel gesegnet sind.
So ein kleines Sportflugzeug wird auch mit ausgefallenem
Motor sicherer zur Erde zurückfinden, als jeder noch so
verläßliche Jet es jemals vermag. Fliegen, intensiv, locker
und bewußt erlebt, ist ein triumphales Hochgefühl und
gehört zum Heute dazu. Man darf es einfach nicht versäumen. Ein jeder bringe den Mut auf, es zu erleben.

## Ur ...

Die afrikanische Nacht, die Fliegerei und Moderne ver-
lassend, begeben wir uns nun in die fernste Urzeit, zurück
zu unseren Wurzeln, und reichen gewissermaßen unseren
Stammvätern die Hand. Das scheint unmöglich, aber es
geht. Unser Weg soll so weit zurückreichen, wie nur möglich, um unsere Ahnen, um ihr Erleben zu erfahren oder –
kommt daher das Wort? – zu erahnen. Mit ein wenig Phantasie eintauchend in ihre unvorstellbar weit zurückliegende,
magische Welt, in ihre Geisteshaltung, können wir vielleicht
sogar versuchen, ihre Gefühle, ihre Achtung und ihre Scheu
vor der Schöpfung für unser Erleben nachzuzeichnen. Wieder zu lernen? Oder zumindest nachzuvollziehen – in einer
zehntausend bis zwanzigtausend Jahre alten, gemäldege-
schmückten, prähistorischen Höhlengalerie. So fern und
doch so zeitnah und frisch zugleich, als würden uns die
fellbekleideten Maler mit farbverschmierten Händen gleich
um den nächsten Stalaktiten herum über den Weg laufen.
Ihre längst versunkenen Weihestätten, ihr Allerheiligstes,

ihre Tempel sind ganz plötzlich wieder für uns zugänglich geworden. Enthusiastisch Veranlagte haben das mit einem Wunder, einer Wiedergeburt versunkener Kunst verglichen, denn in der riesigen Zeitspanne zwischen Versinken und Wiederentdecken dieser prähistorischen Kunst wurden diese Stätten niemals mehr von Menschen betreten. Bis heute. Vermächtnis einer vielfarbigen und plötzlich gar nicht mehr dunklen Vorzeit. Nebulös aber allemal. Der unglaubliche Zufall und das Glück – vielleicht auch das Bestreben, die Bilder allen Witterungseinflüssen zu entziehen, absichtlich in tiefen Höhlen zu malen, vielfach an fast unzugänglichen Stellen, die diese Menschen nur kriechend und sich durch engste Durchlässe zwängend in absoluter Finsternis und Stille erreichen konnten – gewährt uns diesen Kunstgenuß, einer Offenbarung gleich. Ein unverhoffter, unglaublich klarer Blick in die fernste Urzeit.

Zu einem tief im Berg gelegenen Höhlensaal, der heute für die Besucher leicht zugänglich ist, führte einst nur ein enger, schmaler Verbindungstunnel, durch den sich gerade so eben ein schlanker Mensch mit Kraft zwängen konnte. Nichts für Klaustrophobiegefährdete. Die Wissenschaft – mit eindrucksvollen Hypothesen immer schnell bei der Hand – erklärt diesen nur schwer überwindbaren, dreißig Meter langen, engen Durchlaß als symbolischen Geburtskanal. Man kann eben viel hineininterpretieren – aber vielleicht stimmt es ja auch. Gewiß, in den Steinzeithöhlen liegen zweifelsohne Wurzeln unseres heutigen Wesens, unseres Unter- und Unbewußten und unserer Kultur, aber auch unserer manchmal so unstimmigen, nach Erklärungen heischenden Verhaltensweisen.

Man kann sich der Magie dieser Gemälde nicht entziehen. Gebannt verweilen wir vor den eindrucksvollen, formschönen Darstellungen, erschaffen zu einer Zeit, in der noch niemand auch nur im entferntesten an den Bau der Pyramiden dachte. Eine Zeit, von der vor kurzem die Wissenschaft noch überzeugt war, daß sie primitiv war und sich nur zwischen Fressen und Gefressenwerden abspielte, Sprache, Religion, gar Kunst sicher noch gar nicht bestanden oder wenn, dann nur in zaghaften Ansätzen. Und doch sind die Steinzeitmenschen der späteren Altsteinzeit zu einer so faszinierenden Kunstfertigkeit fähig gewesen, haben sie bis zur Vollendung ausreifen lassen, so daß sie selbst den Vergleich mit der Hochblüte der Renaissance nicht zu scheuen braucht. Zu einer Zeit, als die Natur noch voller Schrecknisse war – oder vielleicht auch nicht, denn der Mensch verstand sich ganz als ein Teil von ihr und fügte sich, so dürfen wir vermuten, widerspruchslos ein in ihren Ablauf. Sollte die Erkenntnis, daß wir die Natur brauchen, sie uns aber nicht, jemals noch angezweifelt werden – hier überzeugt sie endgültig.

Von hier brach der Mensch erstmals nachweislich auf in eine Umwelt der natürlichen Gleichgewichte, eine Natur, der er nun seinen Stempel aufdrückte – und dabei die Balance verschob. Im Ergebnis eine ihn mehr und mehr prägende Zivilisation unterschiedlichster Facetten schaffend, deren Entwicklung noch lange nicht abgeschlossen ist. Bleibt zu hoffen, daß er lernt, seine Intelligenz und seine Begabungen mehr und mehr in friedvoller Weise zum Wohle anderer und seiner Lebensbasis, der Natur, einzusetzen. Eine Hoffnung, die alle Entwicklungen und Initiativen absolut vorrangig steuern sollte. In diesen Höhlen mit ihrem Vermächtnis können wir all das erfahren. Es lohnt sich, diese dritte Erfahrung von Besinnlichkeit zu unternehmen.

# Empfehlungen

Zu unterteilen sind die Höhlen in Grotten zweier großer Gruppen: die mit prähistorischen Zeichnungen und solche ohne diese urzeitliche Kunst der Steinepochen des Aurignacien – benannt nach der Höhle von Aurignac – und des Magdalénien und ihrer Zweige und Nebenkulturen, benannt nach dem unweit von Les Eyzies am Ufer der Vézère gelegenen Fundort mit Namen La Madeleine, der zur kleinen Gemeinde Tursac gehört.

Zuerst die »ausgeschmückten«: Bara Bahau in Le Bugue, die als Einstieg in diese Vorgeschichtsreise zu empfehlen ist, denn ihre Gravuren gelten als die Anfänge dieser Kunst, die die Wissenschaft das Aurignacien nennt. Die Abbildungen sind noch recht unbeholfen, lassen auch für den Laien die Anfänge erkennen.

Font de Gaume, am östlichen Ortsausgang von Les Eyzies, ist eine der beeindruckendsten und damit auch am stärksten frequentierten Höhlen mit sehenswerten, polychromen Tierfresken dieser Altfauna.

Combarelles ist insofern interessant, als sich hier einst endgültig entschied, daß diese Steinzeitkunst keine Fälschung sein kann.

Der kleinen Grotte de la Mouthe, ebenfalls zur Gemeinde von Les Eyzies zählend, ist unbedingt ein Besuch abzustatten. Zur Besichtigung führt der nahebei wohnende Bauer mit seiner kleinen Acetylenlampe hinein in den Berg. Die offen flackernde Flamme verleiht dem allen einen besonderen, altertümlichen Reiz, ist eindrucksvoller als die modernen, ausgeklügelten Beleuchtungsanlagen.

Weiter geht's nach Bernifale an der Straße zwischen Les Eyzies und Sarlat. Der Weg zur Grotte ist verbunden mit einem strammen Fußmarsch durch einen sehr schönen Bergwald, immer einen sanften Nordhang entlang.

St. Cyrq, gelegen vor einem kleinen Kliff am rechten Ufer des hier sehr breiten Vézèretales zwischen Les Eyzies und Le Bugue, ist eine winzige Grotte, aber mit einigen besonderen Attraktionen, zum Beispiel dem berühmten Magier. Ganz im Gegensatz zur riesenhaften Grotte von Rouffignac – la Grotte aux cent Mammouths, die sich in der Nähe des gleichnamigen Ortes befindet. Ein Flecken, den die deutschen Truppen im Zweiten Weltkrieg in die Luft gesprengt haben. Es fällt auf, daß die Häuser im Ortskern alle gleichförmig und neu sind. Nur die romanische Kirche blieb erhalten. Der Besuch dieser gewaltigen Höhle wird besonders Kindern viel Spaß machen, denn man fährt mit einer schnaufenden kleinen Elektrobahn kilometerweit in die hallenartige, gigantische Grotte ein.

Auf den Wänden der Höhle von Cougnac bei Gourdon läßt sich sehr deutlich erkennen, daß die überlagernden Kalzitschichten die lange angezweifelten Datierungen stützen.

In Pech-Merle – dieses riesige Höhlensystem liegt im Nachbardepartement Lot, etwa dreißig Kilometer östlich von Cahors – fasziniert besonders das berühmte Pferd dieser Grotte und ein vor Jahrtausenden von den Malern im feuchten Lehm zurückgelassener und inzwischen versteinerter Fußabdruck.

Ein wahres Juwel aber ist die Grotte von Lascaux, die in der Nähe von Montignac-sur-Vézère liegt. Es ist keinesfalls übertrieben, daß man sie, beeindruckt von der Vollkommenheit und Ausstrahlung ihrer Kunst, ehrfurchtsvoll die Sixtinische Kapelle der Urzeit getauft hat. Das eigentliche Lascaux mußte man sicherheitshalber leider für alle Besucher schließen. Denn die für die Besichtigung nun erforderliche Beleuchtung, überhaupt das Licht, die Veränderung des vor-

her absolut stabilen Eigenklimas und die Körperausdün-
stungen der eintretenden Menschen, die Mikroben und
Algen, die sie unvermeidlich mit einschleppten und die ihre
Photosynthese nun im Licht vollziehen konnten, reichten
bereits aus, die über zehntausend Jahre unversehrt geblie-
benen Gemälde zu beschädigen, und zwar so erheblich, daß
man befürchten mußte, sie würden allmählich völlig zerstört
werden. Nur deshalb und um dieses unglaubliche Gesamt-
kunstwerk der Nachwelt zu erhalten, wurde Lascaux 1963
für das Publikum endgültig geschlossen. Heute wird ganz
streng nur noch eine kleine Anzahl Wissenschaftler – und
auch nur in bestimmten Zeitrhythmen – zur weiteren Erfor-
schung eingelassen.

Für die Touristen aber hat man gleich nebenan Lascaux II
erbaut. Eine zum Verwechseln ähnliche, hervorragend bis
ins kleinste Detail verwirklichte Zweitausgabe des Originals.
Hineingetrieben wie ein Bunker in den Fels desselben Ber-
ges. Wer das Périgord besucht, darf diese einmalige Attrak-
tion auf keinen Fall auslassen. Auch wenn man in der
Hauptsaison anstehen muß. Sie vermittelt in gar keiner
Weise den Eindruck einer Nachbildung, gar einer Kopie.
Diejenigen, die noch das Glück hatten, auch die Original-
höhle zu besichtigen, haben das immer wieder bestätigt.
Eine Höhle, so phantastisch anzusehen, daß man beim
Anblick ihrer lebhaften, farbfrohen Fresken aus dem Staunen nicht mehr herauskommt. Unter den Sehenswürdigkeiten in Frankreich nimmt sie mit ihren jährlich vierhundert-
tausend Besuchern inzwischen Platz drei auf der Beliebt-
heitsskala ein – nach dem Mont-Saint-Michel vor der normannischen Küste und dem gar nicht so weit vom Périgord
entfernten, südlicher gelegenen Schwalbennest Rocama-
dour.

So hat jede Höhle ihre Eigenart. Und in all diesen Grotten

sind natürlich auch die Felsformationen, die vielen Säle, Gänge, Hallen und Säulen sehenswert. Steingewordene Male, in die man mit einiger Phantasie viel Figürliches hineininterpretieren kann. Die tiefen Schluchten und hohen Gewölbe, die vielen Kristallisationen – von zierlich fein bis zum Kristallgiganten – und die unzähligen Stalaktiten und Stalagmiten sind überall eine Augenweide. Um die Preisfrage, welcher nun oben und welcher unten ist, ein wenig zu erleichtern, eine kleine Eselsbrücke: der Stalaktit kommt von oben = »T« wie Tropfen. Da bleibt für den Stalagmiten nur noch der Gegenpol – unten.

Immerhin reisen viele Touristen einzig und allein wegen der prähistorischen Grotten ins Périgord. In der Hauptsaison sind die Besichtigungen – auch der meisten anderen Höhlen – daher so gefragt, daß es empfehlenswert ist, sich vorher anzumelden und die Eintrittskarten schon am Vortag zu lösen. Die Führungen sind sehr einfühlsam und bieten fachlich so einiges. Aber sie sind dabei natürlich auf die Allgemeininteressierten abgestimmt. Oft sind es Archäologiestudenten, die sich in ihren Semesterferien ein Zubrot verdienen und sich sehr über ein Trinkgeld freuen. Hier vor Ort können sie gleichzeitig ihre Studien vorantreiben und uns hoffentlich auch später dann mit neuen Erkenntnissen aufwarten. Viele von ihnen studieren an der in Frankreich in diesem Bereich führenden Fakultät von Bordeaux, die in Les Eyzies, dem Zentralmuseum für Vor- und Urgeschichte, eine weltbekannte, renommierte Außenstelle unterhält.

Der Forschung Rechnung tragend, wird sie zur Zeit ausgebaut und stark erweitert. Nicht immer mit Billigung der Einheimischen, die an Ausdehnung und Baustil der hinzukommenden Gebäude unter der gigantischen Felswand deutliche Kritik üben. Dabei sehen sie natürlich in erster Linie ihre eigenen Belange, denn sobald sie etwas an ihren

Häusern baulich verändern wollen, rufen sie in diesem mit historischen Bauten und touristischen Sehenswürdigkeiten vollgepflasterten Land umgehend die immer kritischen und mäkelnden Denkmalpfleger auf den Plan. Und die entscheiden kaum einmal unter wirtschaftlichen Gesichtspunkten, die aber wiederum für den Bauherrn im Vordergrund stehen. Oftmals Bauern, die sowieso heutzutage nicht gerade aus dem vollen schöpfen. Der Staat hingegen kann – so wenigstens ist der Eindruck vieler Bürger – machen, was ihm beliebt. Aber wo auf der Welt, ob Demokratie oder Diktatur, ist das denn nicht so!?

Interessierten ist in jedem Fall – und am besten, bevor es in die Grotten geht – zum Besuch des sehenswerten Vorgeschichtsmuseum von Les Eyzies zu raten. Im Anschluß statte man dann noch dem ganz in der Nähe gelegenen, eindrucksvollen Abris du Pataud einen Besuch ab und lasse sich hier von einer direkt auf die rohe Felswand projizierten, musikuntermalten Diaschau – die Franzosen nennen das poetisch verbrämt *son e lumière* – in die uns allen gemeinsame, nebulöse Vorgeschichtszeit entführen. Die Schau ist beeindruckend, und mit ein bißchen Einbildungskraft kann man sich im Halbdunkel der Vorführung bei der sonoren Stimme des Sprechers und der sphärischen Musikuntermalung wirklich ein wenig in die uns bis dahin so ferne Urzeit zurückversetzt fühlen.

Und nun die ebenso schönen Höhlen ohne Zeichnungen: Grand Roc (Les Eyzies), Carpe Diem (Manaurie), Gouffre de Proumeyssac (Le Bugue). Alle diese Grotten, ob mit oder ohne Felsbilder, finden sich in einem Umkreis von nicht einmal dreißig Kilometern. Der gewaltige Gouffre de Padirac liegt etwas weiter entfernt, im Departement Lot. Es gibt jedoch noch zahlreiche andere, die aber meist nicht zu besichtigen sind. Zum einen, weil sie sich nur schlecht eignen, wohl auch, weil ein Ausbau doch allerhand Geld verschlingt. Zum anderen, weil manch störrischer Eigentümer das ablehnt, oder auch nur, weil sie möglichst unberührt der Forschung für vergleichende Studien vorbehalten bleiben sollen. Die Wissenschaft geht heutzutage berechtigterweise davon aus, daß die Archäologie immer verfeinertere, präzisere Ausgrabungsmethoden entwickeln wird, die dann noch sicherere Erkenntnisse zulassen, dafür aber unberührter Schichten bedarf.

Auf uns Erwachsene üben Höhlen immer noch einen eigentümlichen Reiz aus. Kindern jedoch kann man kaum eine größere Freude bereiten, als sie zu einem Höhlenbesuch mitzunehmen. Sie werden dort ganz ruhig und still – sind plötzlich in sich gekehrt und fangen ehrfurchtsvoll an zu flüstern. Sie, die mit stärkerer und noch unbeeinflußter Phantasie ausgestattet sind, entdecken auch immer zuerst die anfangs nur schwer auszumachenden Höhlengravuren, während die Erwachsenen noch suchend umherschauen. Vielleicht entspricht diese Kunst auch mehr ihrem noch dem unverbildeten Wesen der Kinder als uns auf Realismus Getrimmten. Psychologen sehen in unserer Ergriffenheit die letzten Wehen unserer unbewußten, urgeschichtlichen Verwurzelung. Wohl nicht mit letzter Sicherheit zu belegen, aber auch nicht von der Hand zu weisen.

Ergänzt wird alles durch die vielen Freilandfundstätten eiszeitlicher Siedlungsplätze im näheren Umkreis: Die Abris der Grotte des Schlosses von Commarque, la Micoque, Abris du Bout du Monde, Laugerie Haute und Laugerie Basse, Les Missalgues, Les Marseilles, Abri Lartet, Abri de Gorge d'Enfer, Grotte d'Oreille d'Enfer, Abri du Poisson, Abri de Cro-Magnon, Abri Vignaud, Le Pech Saint-Sourd, Les Girouteaux, Abri du Cap Blanc, la Madeleine, le Moustier und Regourdou. Doch Tourismus ist Trumpf, und jedes Jahr kommen wieder neue zugänglich gemachte Stätten hinzu.

Und wer dann allmählich von den Wanderungen durch die Unterwelt genug hat, kann sich in einem großzügig angelegten Freilandzoo, Le Thot bei Thonac, an frischer Luft und unter der warmen, lichten Sonne des Périgords entspannen oder dort auch weitere, sehr gut gemachte Diaschauen betrachten. Eindrucksvoll ist das Überblenden eines Dias, das ein Tier aus heutiger Zeit über eine Felszeichnung des Neopaläolithikums projiziert. Spätestens jetzt erkennt jeder die Perfektion der Steinzeitkünstler. In diesem Zoo sind die heute noch lebenden Tiere der damaligen Fauna zu sehen: Tarpan, Prschewalskipferd, Wisent, Steinbock, Reh, Hirsch, Wildziege und Mufflon, das man als Wildtier in den Wäldern des Périgord jetzt wieder heimisch machen will. Sogar die künstlerisch frei empfundene Nachbildung eines in voller Lebensgröße trompetenden Mammuts – etwas kitschig – zieht die Besucher an. Aber auch ein Nomadenlager der Mammutjäger hat man hier nachgestellt. Nach den Erkenntnissen der vielen Ausgrabungen und Feldforschungen und exakt so, wie es sich die Archäologen vorstellen.

Zwischen Thonac und Les Eyzies liegt der sogenannte Parc Préhistorique, ein Wald mit lebensecht, unter wissenschaftlicher Beratung aufgebauten eiszeitlichen Szenen, die einen wirklichkeitsnahen Eindruck der Urzeit vermitteln.

## *Bruno, der Hobbyarchäologe*

Einen unserer etwas abgelegenen Nachbarn – seinem Stekkenpferd frönend, wohnt er fast auf seinen altsteinzeitlichen Fundplätzen –, einen aus der Normandie stammenden Hobbyarchäologen, hat die Faszination der Altsteinzeit und insbesondere deren künstlerische Ausprägung schon in den sechziger Jahren als ganz jungen Mann hierher verschlagen – und dann nie wieder losgelassen. Die Universität war ihm seinerzeit zuwider, obwohl er heute bedauert, sich damals nicht doch immatrikuliert zu haben. Aber dazu ist es nun zu spät. Studierte Wissenschaftler rümpften anfänglich die Nase über seine auch heute bisweilen abwegig erscheinenden Theorien, von denen er sich im Laufe der Jahre auch einige hat wieder abschminken müssen. Aber gewisse Teile seiner unkonventionellen, die eingefahrenen Gleise verlassenden Ansichten blieben jedoch bestehen und wurden so peu à peu, allerdings wissenschaftlich überarbeitet und sehr geläutert, in die Vor- und Urgeschichtsforschung mit übernommen. Bisweilen sind solche Querdenker eben ganz nützlich. In Zusammenarbeit mit aufgeschlossenen Archäologen der Fakultät – und deren gibt es gerade unter den Jüngeren genug – kann dann schon mal etwas neu angedacht werden und sogar Bedeutendes bis Umwälzendes dabei herauskommen. So wie in jeder Wissenschaft, die sich eben nicht arrogant hinter die Universitätsmauern zurückzieht.

Den Querdenkern jedenfalls macht es Spaß, mitunter an- und aufzustacheln. Sie laufen ja auch nicht Gefahr – und sie sollten das in ihrem Eifer niemals vergessen –, sich der Kritik oft gar nicht so wohlgesonnener Fachkollegen aussetzen zu müssen.

Lange also mußte Bruno um Gehör ringen – von Anerkennung ganz zu schweigen –, er ging auf den Ausgrabungsplätzen sozusagen in die Lehre, denn diese Forschungsgrabungen werden mit unsäglicher Mühe und Behutsamkeit vorgenommen. Eine Art Handwerk, das es erst einmal von der Pike auf zu erlernen gilt, bevor man selbst etwas anfassen darf. Doch als er nach Meinung seiner Lehrmeister die gewünschten Erfahrungen besaß und die Ausgrabungstechniken sicher beherrschte, erkannten sie an, daß er auch die notwendige Geduld aufbringen würde. Er bekam endlich die heißersehnte Erlaubnis, auf einem Gelände – vorerst noch unter genauer Aufsicht und Anleitung – selbst Ausgrabungen vornehmen zu dürfen. An einer Stelle, an der er es unbedingt versuchen wollte, die die Lehrmeinung aber für zu unergiebig hielt. Seine Sturheit mit Kopfschütteln quittierend, ließ man ihn seinem Wunsche entsprechend gewähren.

Man muß wissen, daß das Ausgraben, ja selbst das Aufsammeln von steinzeitlichen Artefakten hier im Périgord bei Strafe verboten ist. Bei den zahlreichen Hobbyarchäologen und den vielen Steinzeitinteressierten, die sich gerne auf den Fundplätzen tummeln und alles wie Schatzjäger durchwühlen würden, müßte die bei ihrer Ausgrabungsakribie gezwungenermaßen nur sehr langsam vorankommende Wissenschaft sonst heillos ins Hintertreffen geraten. Unfachmännisch angegangen, würden beim Durchwühlen die Schichtenabfolgen zerstört, die Datierungen damit unmöglich gemacht, und vieles wäre damit für die seriöse Forschung unwiederbringlich verloren.

Allein nach der simplen Vorstellung, daß unsere Vorfahren ihre Lager sicher auch nur etwa so wie einen günstig gelegenen Campingplatz ausgewählt haben mögen, eine Stelle also, die windgeschützt, einigermaßen sicher vor wilden Tieren ist, auch bei Regen trocken bleibt, eine Wasserquelle in der Nähe hat und gleichzeitig einen guten Überblick auf alles sich Nähernde gestattet, setzte Bruno auf seinem Gelände behutsam den Spaten an – und wurde schon nach ganz kurzer Zeit, kaum daß er die Grassoden abgedeckt hatte, fündig. Alles staunte, und die Fachwelt war ziemlich verblüfft. Die Vertreter der Lehrmeinung beglückwünschten ihn neidlos zu seinem Riecher und zu seinem Beitrag für die Wissenschaft – und nahmen seine Ansichten ab sofort ernster.

Von Stund an, so wie er es immer wieder schilderte, hatte sich alles der Steinzeit und Brunos Wühlen in der Vergangenheit unterzuordnen. Sogar Essen wurde zeitweise zur Nebensache. Er schlief nur noch wenig – und dann unruhig, kroch erst ins Bett, wenn draußen absolut nichts mehr zu sehen war, und stand beim ersten Morgengrauen schon wieder vor der Grube. Und im Sommer sind die Nächte kurz. Aber so ergeht es eben einem Fanatiker mit brennender, kaum zähmbarer Ungeduld. Wenn man ihn allerdings hänselt, das sei wohl auch der Grund, warum er nur *eine* Tochter habe, wehrt er sich heftig. Diese jedenfalls setzt das Lebenswerk ihres Vaters fort. Von Kindheit an mit auf den Ausgrabungsstätten, ist seine Florence vom gleichen Bazillus infiziert und studiert inzwischen eifrig und erfolgreich Geschichtswissenschaften und Archäologie und alles, was zu diesem Fachbereich gehört.

An der Verfärbung des Bodens erkannte das geschulte Auge sofort, daß an dieser Stelle vor Jahrtausenden vorübergehend gesiedelt worden war. Er fand in mehreren Schichten untereinander aus der Zeit des Magdalénien bis hinunter zum Périgordien Holzkohle verschie- dener Feuerstellen, angekohlte Knochen, teils aufgesplißt, um an das fette, nahrhafte Mark zu gelangen. Auch mit seinerzeit noch unerklärlichen Linien versehene Rentierschulterblätter, die der Wissenschaft Rätsel aufgaben, und anderes Gebein. Mit allem anderen grub er nach und nach natürlich zahlreiche Steinwerkzeuge aus. Jede Epoche gestaltete sie anders, so daß diese kunstvoll behauenen Flintwerkzeuge den Archäologen ihre Datierungen ermöglichen. Somit war erstmals –

und gerade darauf war unser Bruno besonders stolz – der Beweis erbracht, daß die Cro-Magnon-Menschen durchaus auch im Tal kampierten. Das wurde zwar nie ernsthaft bezweifelt, war aber bis dato noch nirgends so deutlich nachgewiesen worden.

Immer wieder hatte er sich zwischendurch mit einer anderen Stelle beschäftigt. Eines Tages aber grub er – eigentlich ohne erklärlichen Grund, aus einer Laune heraus und seiner inneren Stimme nachgebend, die ihm auch den ersten Grabungsplatz gewiesen hatte –, ein wenig abseits der Hauptgrube – und die Sensation war perfekt. Dort, unterhalb eines kleinen, allerdings markanten Felsvorsprungs, wo niemand es vermuten würde, schaufelte und bürstete er seinen bedeutendsten Fund aus dem bisher ungestörten Boden: ein fast vollständiges Skelett mit Grabbeigaben – rundum eine archäologische Sensation. Nach Lage und Ausstattung eindeutig das Grab eines im Aurignacien bestatteten, etwa dreißig Jahre alten Mannes. Ein Fund, der auch die Fachwelt in helle Aufregung versetzte und weltweit in der Presse eingehend gewürdigt wurde. Bruno hatte sich den Traum verwirklicht, seinen Namen in seiner heißgeliebten Wissenschaft nun für alle Zeit verewigt zu sehen. Seither nennen wir ihn unseren *Schliemann en miniature,* was er sehr gerne hört.

Natürlich war unser Normanne mit Recht stolz auf seinen hochkarätigen Fund. Es war nur folgerichtig, daß dieses für ihn und auch seine Freunde so bewegende Ereignis nun mit einem großen Fest gewürdigt werden sollte. Zwar liebt er innig seine Wahlheimat, ist jedoch – Originalton Bruno – als in der Diaspora lebender Nordfranzose der unumstößlichen Überzeugung, daß die normannische Küche seiner Heimat absolut unschlagbar sei. Für seine Ansicht nimmt er mit den Périgordinern jeden Disput auf. Und der kann ganz schön hitzig werden. Trüffeln und alles, was die Küche des Périgord sonst noch auszeichnet, seien ja schön und lobenswert und mundeten auch hervorragend, aber man wolle nun mal etwas Vernünftiges essen, etwas Richtiges aus der Normandie, wo die Küche auch Seefische, Krustentiere und Muscheln kenne, mit der das Périgord nicht aufwarten könne. Seine Schwester und sein Schwager kämen demnächst aus Caen und würden alle Zutaten frisch von daheim mitbringen. Auch Cidre, den dort gegorenen Apfelwein, und zwei Flaschen sehr alten, hochprozentigen Calvados. Das meiste aus eigener Herstellung oder Anbau von Verwandten. In vierzehn Tagen sollte das Festessen sein. Und jeder, der den Kocheifer unseres guten Bruno kennt – sein zweites Hobby –, fieberte von Stund an dieser Einladung ungeduldig entgegen.

Um seine nun weithin bekannt gewordenen Forschungsergebnisse auch allen voll Stolz präsentieren zu können, lud er schon am Nachmittag ein zu einer ausführlichen Besichtigung seines Fundplatzes. Er nannte diese Veranstaltung *apéritif archéologique* und führte seine Gäste samt Gläsern und Flaschen zum Nachfüllen mit vielen hochinteressanten Erläuterungen, die auch den Laien mitrissen. Bruno versteht es, die Zuhörer zu fesseln und sie in eine uralte, von ihm spannend vorgetragene Urzeit zu entführen, diese vor dem geistigen Auge wieder aufleben zu lassen. Auch ansonsten nicht so recht Interessierte bombardierten ihn hernach unaufhörlich mit allen möglichen Fragen, die er sämtlich geduldig beantwortete. Vielleicht auch deshalb, weil hier kein Wissenschaftler sprach, sondern ein Autodidakt, ein Enthusiast, der sich mit jeder Faser diesem seinem Thema verschrieben hat, und mit dem auch schon mal die Pferde durchgehen. Aber beileibe kein Schwarmgeist. Allerdings bisweilen Schwächen nachgebend, die sich ein Wissenschaftler nicht erlauben darf. Er dagegen schon. So kann man als sein Zuhörer auch erleben, daß seine Kritiker ihn dann doch mal zurückpfeifen, was er gelassen hinnimmt. Dessenungeachtet kostet er seine Freiheit zu fabulieren weidlich aus. Aber das sei ihm gegönnt.

Obwohl keiner so unhöflich und auch alle viel zu beeindruckt waren, um von der Ausgrabungsstelle zum Aufbruch an die Tafel zu mahnen, hat wohl allmählich das kaum noch überhörte Magenknurren seiner Gäste Bruno in seinem nicht erlahmenden Vortragseifer gebremst. Also ließen wir uns alsbald nieder zu einem opulenten normannischen Mahl. Mit allem, was so dazugehört. Abgesehen von den einmal ganz anders schmeckenden Speisen, legten wir sogar zweimal – oder dreimal oder wie oft? – Pause ein, um jeweils ein zünftiges *trou normand* zu zelebrieren. Eine typisch normannische Tafel-, besser Trinksitte, bei der das Essen für kurze Zeit unterbrochen wird, um mit einem alten, hochprozentigen Calvados den Magennerven wieder Mut zuzusprechen, den Appetit weiter anzuregen und dann mit Muße und neuem Elan die Speiseabfolge weiter anzugehen. Mit Völlerei aber hat das nichts zu tun. Oder doch? Jedenfalls ist es Lebensgenuß in Reinkultur.

Sein gekonnt zusammengestelltes Menü empfiehlt sich der Nachahmung. Das einzige Zugeständnis unseres Bruno an die Landesküche war die vorweg servierte Suppe. Es mußte natürlich eine besonders traditionsreiche und zugleich außergewöhnliche sein.

*Soupe aux salsifis*

500 g Schwarzwurzeln, 2 l Wasser,
5 dl Weinessig, 20 g Mehl, 1 Bund Petersilie,

½ l Milch, 60 g Butter, 2 dl Crème fraîche,
60 g Stärkemehl, 3–4 Zweiglein kleingehackter Kerbel,
Salz, Pfeffer und Muskatnuß.

Die Schwarzwurzeln in Essigwasser schaben und in ca. 3 cm
lange Stücke schneiden. Das Mehl in das Salzwasser geben
und unter ständigem Rühren mit dem Schneebesen aufkochen. Die Petersilie und eine Messerspitze Muskatnuß und
die Schwarzwurzeln dazugeben. Deckel drauf. Nach einer
guten Stunde Kochzeit die Hälfte der Flüssigkeit abgießen
und beiseite stellen. Mit der zuvor erwärmten Milch auffüllen und bei schwacher Hitze eine weitere Stunde köcheln.
Alles pürieren und mit der vorher beiseite gestellten Flüssigkeit aufgießen. Eventuell etwas Wasser nachfüllen, um
wieder auf 2 Liter dieser sämigen Suppe zu kommen. Nochmals 7–8 Minuten aufkochen und das Stärkemehl einstreu-
en. Abschmecken und vom Herd nehmen. Erst dann die
Butter und die Crème einrühren. Den frischen Kerbel über
die Suppe streuen.

Mit der Ankündigung seiner besonderen Horsd'oeuvres
hat Bruno unsere Geschmacksnerven schon im Vorfeld
malträtiert und bereitet uns eine gelungene *Coquille Saint
Jacques à la normande*. Da es die unterschiedlichsten Rezepte
gibt und wir hier auch nicht unbedingt für normannische
Küche zuständig sind, bitte die Fachkochbücher zu Rate
ziehen.
Das anschließende *trou normand*, einen alten bernsteinfar-
benen *Calvados*, genießen wir in gewohnter Weise, in wohl-
dosierten, satten Zügen. Anschließend wird's noch mal périgordinisch bei einer

## Quiche périgourdine

120 g roher Schinken (*jambon du pays*),
300 g Steinpilze oder Pfifferlinge, 80 g Gruyère,
80 g *foie gras* (Ente oder Gans), 5 cl Walnußöl.
Den Teig bereiten aus:
200 g Mehl, 100 g Butter, 200 g Crème fraîche,
1 Prise Salz, 1 Eigelb.

Eine Obsttortenform mit dem Teig belegen. Darauf den Schinken, die vorher im Walnußöl angebratenen Pilze, die in dünne Scheiben geschnittene foie gras und den Gruyère darüber verteilen. Anschließend alles mit einer Füllung bedecken, die wie folgt zubereitet wird:

4 Eier, 200 g Milch,
200 g Crème fraîche, Salz,
Pfeffer und Muskat.

Alles gut mischen, mit einem Schneebesen aufschlagen, würzen und über die vorbereitete Quiche geben. 30 Minuten bei 200° im vorgewärmten Ofen überbacken.

Und wieder ganz normannischer Tafelsitte folgend, noch mal ein tiefes, köstliches *trou normand – Calvados*.
Diese Unterbrechungen geben Bruno die Möglichkeit, nochmals auf eine seiner zahlreichen Theorien zu sprechen zu kommen. Zum Beispiel eine Erkenntnis, die einleuchtet und eine weit verbreitete, ihn sehr störende Meinung korrigieren helfen soll. Betrachten wir die landläufigen Abbildungen des Neandertalers und die Beschreibungen seiner Rasse, so fällt sie sehr weitläufig und eigentlich recht abwertend unter die Rubrik Primitive. Viel sei ihm wohl nicht

zuzutrauen gewesen, diesem gedrungenen, kleinwüchsigen Vormenschen mit fliehender Stirn, plattem Hinterhaupt, wulstigen Augenbrauen und krummen Beinen. Wenn man jedoch weiß, wie ungeheuer kompliziert die Herstellung eines Faustkeils aus Feuerstein ist – und der Neandertaler war ein Meister seines Fachs –, muß man diese Fehleinschätzung umgehen und restlos revidieren. Die Wissenschaftler haben sich nun endlich darangemacht, das Ansehen des so lange verkannten Neandertalers aufzuwerten.

Bernard Ginelli, einer der Feuersteinschläger, denen man bei ihrer uralten Handwerkskunst in einem Atelier in Montignac zuschauen und seinen einleuchtenden Erläuterungen zuhören kann, wird jeden Einsichtigen sofort von der Intelligenz dieses Vormenschen überzeugen. Die subtile Kunstfertigkeit, aus einem groben, unförmigen Feuersteinknollen ein brauchbares Werkzeug zu formen, erfordert nicht nur ungeheures Geschick und Erfahrung im Umgang mit diesem schwer zu handhabenden, schnell und endgültig splitternden Material, sondern auch eine subtile Vorstellungskraft, verbunden mit einem zielgerichteten, abstrakten Denkvermögen im Hinblick auf das Endprodukt. Dieses Wissen mit den angesammelten Erfahrungen müssen ganz einfach von Generation zu Generation weitergegeben worden sein. Also muß unser »primitiver« Freund auch bereits über einen reichen Wortschatz und umfassende Intelligenz verfügt haben. Ganz abgesehen davon ist aus den Bestattungsriten anhand seiner Grabbeigaben abzulesen, daß der Neandertaler eine feste Vorstellung von einem Jenseits gehabt haben muß. Sogar Blumen und Wegzehrung hat er seinen Verstorbenen mit auf die Reise ins Jenseits gegeben. So ist es nicht schwer, bei ihm auf einen, wie auch immer gearteten, Glauben zu schließen. Die Wissenschaft hat dieser Erkenntnis schon lange Rechnung getragen und ihm die

Bezeichnung *sapiens,* der Wissende, zugestanden. Seine Nachfolger, die Cro-Magnon-Menschen, und alle Heutigen müssen wohl doppelt so wissend sein, denn die Herren Anthropologen stufen uns als *Homo sapiens sapiens* ein. Welch große Ehre! Haben wir das wirklich verdient, wenn man so in die Runde schaut und immer wieder unbegreifliches menschliches Versagen registriert? Auch solche Denkanstöße sind Brückenschläge zwischen Vorgeschichte und unserem Heute. Auf das Wesentliche reduziert, erkennen wir schnell, wie ungeheuer viel noch zu tun bleibt.

Locker vom Hocker in seiner üblichen entspannten Art und Weise von unserem Bruno vorgetragen, graben sich solche Gedanken und wohlüberlegten Thesen ein und gewinnen hin und wieder neue Anhänger, zumindest gebannte Zuhörer.

Da wir im Périgord im Land der Gänse und Enten sind, soll der Hauptgang auch eine entsprechende Spezialität, wenn auch aus Brunos Geburtsstadt Rouen, sein, denn dort, so verkündet er mit erhobenem Zeigefinger, kann man Geflügel ebenso schmackhaft zubereiten!

*Canard au sang à la rouennaise*

1 Ente, ca. 1800 g,
die Sie frisch geschlachtet bestellen,
denn Sie brauchen das Entenblut,
das mit 2 EL Weinessig versetzt wird,
um das Gerinnen zu verhindern.
3 helle Zwiebeln, eine wird im Mörser zerstoßen,
die beiden anderen grob gehackt.
2 Knoblauchzehen, eine grob gehackt,
die andere im Mörser zerstoßen

1 Schalotte, feingehackt, ½ vollreife Tomate,
1 junge Karotte, 1 Gewürzsträußchen
(Thymian, Lorbeer, Rosmarin, Petersilie),
2 Messerspitzen Thymianblätter,
2 Messerspitzen Rosmarinnadeln,
im Mörser zerstoßen,
100 g geräucherter, durchwachsener Speck,
in feine Würfel geschnitten,
150 g Butter, 10 cl Calvados,
50 cl Crème fraîche,
1 Glas Cidre, Salz, Pfeffer.

Zur weiteren Zubereitung heben Sie Leber, Herz und Magen auf. In die ausgeweidete Ente 50 g Butter, einige Speckwürfel sowie die grobgehackten zwei Zwiebeln und eine Knoblauchzehe geben. Gut salzen und pfeffern. Dann zusammenbinden, mit 25 g Butter einstreichen und mit dem Thymian und Rosmarin bestreuen. Im vorgeheizten Backofen bei starker Hitze 40 Minuten garen.
Aber besonders kommt es auf die Sauce an:
75 g Butter schmelzen und in der Butter mit den restlichen Zwiebeln, Schalotten und Knoblauch glasig schmoren. Leber, Herz und Magen sehr fein hacken und 3 Minuten bei schwacher Hitze anbraten. Mit dem Calvados flambieren, das Gewürzsträußchen dazugeben und mit dem Cidre ablöschen. Salzen, pfeffern, zudecken und 25 Minuten bei schwacher Hitze schmoren. Dann alles durchs Sieb geben und warm stellen. Die ausgetretene Bratensauce zusammen mit der Crème fraîche verrühren. Einige Minuten reduzieren und dann unter heftigem Schlagen mit dem Schneebesen das Entenblut unterziehen. Bei geringer Hitze bis zum Siedepunkt weiter erhitzen und sehr heiß servieren. Dazu gab es sehr zünftig in der Kaminglut gebackene Pellkartof-

feln. Gesalzen, gepfeffert und mit Butter eine einfache, aber wirkliche Delikatesse.

### Plateau de fromage Bruno

Abgesehen von den üblicherweise auf einer reichhaltigen Käseplatte angebotenen Standardsorten wie *Gruyère, Brie, Cantal,* einen *chèvre* (Ziegenkäse allgem.), hier im Périgord meist der *Cabecou,* einen *brébis* (Schafskäse allgem.), liebt er ganz besonders den milden *Etorqui* aus dem sich südlich um die Biskaya hinziehenden Baskenland, die etwas pikanteren Sorten *Pont l'Eveque, Munster* – einige Feinschmecker bestreuen ihn mit etwas Kümmel, was der Verdauung guttun soll – *Roblochon,* die Schimmelkäse *Roquefort* und den milderen *Bress Bleu.*

Doch Bruno serviert auch wieder seine schon mit Ungeduld erwartete Spezialität des Hauses, einen überreifen *Camembert.* Er läßt den mit Daumendruck auf seinen Reifegrad vorher gründlich geprüften Weichkäse nach dem Kauf noch zusätzlich gut zwei bis drei Wochen im Kühlschrank in der Schachtel weiterreifen, bis der Käse so würzig ist, daß er sehr akzentuiert schmeckt – und riecht –, ja schon einen reichlichen Anflug von Schärfe hat. Sein *Camembert méthode Bruno,* wie er ihn nennt, ist dann etwas eingetrocknet, und die Farbe ist nicht mehr das berühmte cremige Elfenbeinweiß, sondern ist inzwischen zu einem die Geschmacksnerven ansprechenden Zartlichtbraunton nachgedunkelt. In dünne Scheiben geschnitten, wird ein solch abgelagerter Camembert für Freunde schärferer Käsesorten zu einem Hochgenuß.

Bruno stellt sich gern der Kritik, daß die Normandie nun einmal nicht mit Weinen dienen könne, und verweist deshalb stolz auf das dortige Nationalgetränk, den Cidre, den man dafür im übrigen Frankreich nicht herstellt. Zum Essen haben wir beträchtliche Mengen dieses moussierenden Apfelweins geschluckt, der, ähnlich wie der Champagner, mit einem Drahtbügel verkorkt ist, durchgegoren, herbwürzig die Kehle hinunterrinnt und in den Geschmacksrichtungen *brut* (trocken) und *demi-sec* (halbtrocken) zu fast allen Gerichten paßt. Sein Alkoholgehalt ist zwar mäßig, aber auch reichlich – Cidre bleibt nicht ohne Wirkung.

Zum Käse aber – das geht nun nicht anders – muß Wein her. Und da seine Käse immer ausnehmend würzig sind, kredenzt Bruno uns nun einen besonders kräftigen, erdig schmeckenden Roten – er paßt auch hervorragend zu Wild – aus dem nahegelegenen kleinen Weinbaugebiet von Cahors. Uns zur Freude serviert er eine Schloßabfüllung namens *Château de Cayrou,* was auf Okzitanisch Steinhaufen heißt und bei den Einheimischen eine Bezeichnung für unser Anwesen ist. Die Cahors-Winzer verkünden immer wieder mit berechtigtem Stolz und Selbstbewußtsein, daß sie es einst waren, die den Nimbus der französischen Rotweine begründeten und dieser erst danach auf Bordeaux überging. Denn aus den Cahors-Kellern stammten anfänglich die Weinfässer und wurden den Fluß Lot hinunter in die Hafenstadt an der Gironde gebracht. Von dort verschifft, traten sie so den Weg in die anderen Länder an und mehrten den Ruhm französischer Weine.

Im Frühjahr ist das Périgord das Land der Erdbeeren. Von hier aus wird die gesamte Europa-Union mit diesen Früchten beglückt. Doch wir tafeln jetzt im Hochsommer, und die Erdbeerzeit ist längst abgehakt. Dennoch bekommen wir Erdbeeren serviert. Nicht etwa eingeflogene, nein, eine zweite Ernte aus heimischen Gefilden, eine Art Nachlese, bringt man wie selbstverständlich auf den Tisch. Bekömmliche und außerordentlich wohlschmeckende frische Erdbeeren im Hochsommer. Nur ein ganz klein wenig nachgesüßt mit Puderzucker und statt Schlagsahne *Crème Chantilly* darüber. Alles verfeinert mit einem üppigen Schuß *Grand Marnier*. Man kann den Likör auch gleich unter die steifgeschlagene Sahne ziehen. Also *Fraises à la crème Chantilly au Grand Marnier.*

Diese Früchte erfüllen allerdings nicht mehr die kritischen, von Brüssel erlassenen Handelsklassennormen. Die Herren am grünen Tisch beurteilen vielfach betont nach dem Äußeren, und das ist bei dieser Sommerernte der bereits leicht erschöpften Pflanzen nicht gerade ansprechend. Schnöde bezeichnen die Eurokraten das ja auch als Handelsklasse, eine staubtrockene, merkantile Wortschöpfung ohne jeden kulinarischen Reiz. Schon gar nicht an die Geschmacksnerven appellierend. Die Sommerhitze ergibt also keine so strahlend-prallen, kraftstrotzenden Beeren mehr wie im feuchteren Frühjahr. Eher sind sie etwas zu klein geraten, sehr kritisch betrachtet, einige sogar ein wenig schrumpelig zu nennen. Nicht gerade unansehnlich, aber für eine Vermarktung, die vornehmlich dem äußeren Bild zu folgen hat, nicht besonders attraktiv. Also bleiben sie im Lande – zum Glück. Denn ihr Aroma ist verführerisch, erinnert fast schon an Walderdbeeren. Kurz, ein Genuß, wie man ihn eben nur im engeren Umkreis der Felder zu dieser Zeit erleben kann. Und zum Beruhigen der Magennerven und zur Förderung der Verdauung genehmigen wir uns anschließend nochmals einen oder auch zwei oder auch drei oder auch … *Vieux Calvados,* oder wie die Franzosen in ihrer Umgangssprache nur kurz zu sagen pflegen: *un calva* – mit dem unabdingbaren Kaffee oder, noch besser, einem Espresso dazu.

# Menschen, Land und Freunde

## *Jagdfieber und Wildbret*

Das Périgord mit seinen riesigen, tiefen Wäldern zieht die Jäger magisch an. Sobald die Hauptsaison anhebt, sind alle Nimrods Frankreichs an den jagdoffenen Tagen vom ersten Morgengrauen bis zum brechenden Büchsenlicht bis an die Zähne bewaffnet unaufhörlich auf den Beinen und verbreiten Schrecken in Wald und Flur. Wohnt man wie wir im Wald, meint man, in der Nachbarschaft sei plötzlich ein Truppenübungsplatz eröffnet worden. Diese fiebrige, nationale Jagdleidenschaft läßt Nichtjäger nur ungläubig den Kopf schütteln, denn mit herkömmlichem Waidwerk hat das nun einsetzende Schützenfest rein gar nichts zu tun. Doch bei der großen Anzahl der Büchsenträger wagte es bisher keine Regierung – egal ob bürgerlich oder links –, einen Radikalschnitt zu machen, um dem überbordenden Jagdeifer einen gewissen Einhalt zu gebieten. Nur scheibchenweise und mit subtiler Salamitechnik hat man im Laufe der Jahre die Jagdgesetze und -verordnungen verschärft und kontrolliert auch aufmerksamer deren Beachtung und Einhaltung. Jedes Jahr wird bei den Jägern mehr Unmut, neuerdings regelrechte Verbitterung über diese fortschreitenden Einengungen laut. Doch auf der Gegenseite machen immer mehr Tierschützer mobil.

Lebt man nahe genug in der Natur, so ist deutlich zu

bemerken, daß der Wildbestand in den vergangenen Jahren merklich zugenommen hat. Die Bauern – oft mit zwei Seelen in der Brust, denn sie sind zumeist gleichzeitig auch passionierte Jäger – sind natürlich nicht gerade entzückt darüber, denn damit werden auch die Wildschäden größer, und das bedeutet Ernteeinbußen. Und das in einer Zeit, wo es sowieso immer schwieriger wird, die kleinen, nach heutigem Ermessen unrentablen Höfe zu bewirtschaften und jeder Franc an Ertrag wichtig ist. Für Wildschäden dann entschädigt zu werden, ist ein mühsames Unterfangen und teilweise sogar unmöglich. Und Schutzmaßnahmen sind teuer. Nur ein kleiner Trost bleibt: das Wildbret, das zwischen den Jägern geteilt wird. Und auch der Grundbesitzer bekommt sein Deputat – ganz so, als habe der Grundgedanke der Französischen Revolution vor den Reviereignern halt gemacht. So auch vor uns. Wir sind zwar keine Jäger, haben aber auch nichts gegen die Ausübung der Jagd, bei der – so kann man schon frühmorgens feststellen, wenn sich eine der Jagdgemeinschaften, eine *compagnie de chasse*, zusammenfindet – Geselligkeit und vor allem Zielwasser vordergründiges Jagdbegehren sind. Nur die Hunde bleiben nüchtern, gehen auf der Pirsch allerdings auch oft verloren.

Auf unseren Spaziergängen pirschen wir, jede Deckung nutzend und natürlich immer unbewaffnet, auch gerne mal querfeldein durch das Unterholz der Wälder. Dabei treffen wir immer wieder auf Wild, das aber kaum jemals entsetzt davonstiebt, sondern eher in ruhigen Fluchten auf Distanz geht. Manchmal haben wir den Eindruck, als könnten die Tiere zwischen harmlosen Spaziergängern oder ebenso ungefährlichen Pilzsammlern und den schießwütigen Jägersleuten unterscheiden. Jedenfalls beneiden uns die Waidmänner jedesmal, wenn wir mit vielen Ausschmük-

kungen von unseren zahlreichen Tierbeobachtungen be-
richten.

Bisweilen äsen die Rehe in Rufweite zu unserem mitten im
Wald gelegenen Haus. Sie müssen uns einfach bemerken,
denn niemand von uns erstarrt dann etwa zur Salzsäule.
Wir bewegen uns zwar ruhiger, unauffälliger und unterhalten uns auch leiser, sind aber keinesfalls plötzlich mucks-
mäuschenstill oder bleiben im Haus verborgen. Auch wech-
selt der Wind in dem kleinen Tal ständig die Richtung, also
müssen sie Witterung von uns bekommen. Meist springen
die Tiere erst wieder in die Deckung zurück, wenn es auf der
Terrasse allzu lebhaft hergeht.

Vor einiger Zeit zog im sehr frühen Morgengrauen in nur
dreißig Metern Entfernung eine Rotte von acht Wildsauen
gemächlich an der Nordseite unseres Hauses vorbei. Die
eine Bache führte sogar schon recht erwachsene Frischlin-
ge. Erst als wir vorsichtig und um besser beobachten zu
können ein Fenster weiter öffneten, gaben sie Fersengeld
und tobten mit hochgestellten Schwänzchen im Schweins-
galopp davon. Auf Nahrungssuche pflügen sie dann mit
ihren Rüsseln auch schon mal unsere um das Haus herum-
liegenden Waldwiesen um und werfen hinderliche Furchen
auf, die dann vor dem Mähen erst wieder eingeebnet werden müssen. Aber was soll's, das wächst sich auch wieder
zurecht. Und einen englischen Rasen zu haben, war noch
nie unser Bestreben. In die Natur ringsum greifen wir sowieso nur sehr zurückhaltend ein. Buschwerk und Zweige muß
man jedoch immer wieder kappen, sonst wäre bald alles
überwuchert und unter Brombeergestrüpp verschwunden –
wie in einem Dornröschenschloß. Ganz so, wie wir vor
zwanzig Jahren das jahrzehntelang unbewohnte Gebäude
vorgefunden hatten.

## George-Pierre, unser Obelix

George-Pierre, ein Hüne von Kerl wie weiland der Gallier Obelix, trägt seinen Spitznamen mit großer Würde. Nicht nur weil er in Statur und Umfang seinem Namensgeber ein wenig ähnelt, auch das gutmütige Wesen dieses Mannsbildes, die Kraft und auch sein betuchliches Gehabe lassen sympathische Parallelen zu. Sein winziger Jagdhund, ein mopsgedackelter Windhundterrier, wie er ihn genealogisch einordnet, der ihn ständig und überall hin begleitet, tut ein übriges, diese hehre Verwandtschaft zu unterstreichen. Sein Name ist allerdings nicht Idefix, sondern Bonsai. George-Pierre allerdings streitet ab, wenn wir ihm das unterstellen, er habe sich diesen Winzling erst zugelegt, nachdem die Asterix-Serie publiziert wurde. Dies sei bereits sein zweiter Miniatur-Vierbeiner, stellt er dann klar.

Ganz im Stil der Comicfiguren rückten eines Tages Herr und Hund mit einer kompletten, zwar ausgeweideten, aber noch unzerlegten Wildsau an. Der Jägersmann hatte sie am Abend vorher mit einem gezielten Blattschuß in unserer Nähe zur Strecke gebracht und war nun ganz enttäuscht, daß wir diesen überaus bedeutungsvollen Schuß nicht gehört hatten – aber sichtlich erleichtert, als wir ihm erklärten, daß wir um diese Zeit gar nicht daheim gewesen seien.

Im Unterschied zu dem inzwischen weltbekannten Menhirlieferanten schleppte Gépé, wie seine Freunde ihn eigentlich rufen, das Vieh nun nicht auf dem Rücken an, sondern hatte es, der Moderne angepaßt, dekorativ auf der Ladefläche seines säuberlich mit Plastikfolie ausgeschlagenen Kombis zum Bewundern aufgebahrt. Natürlich war das Borstentier nicht für uns allein bestimmt. Wir sollten es nur ordentlich bestaunen; mit dem Stolz des Schützen wollte er uns seine Beute vor dem Zerlegen doch mal in voller Pracht vorführen. Ganz so wie unsere Katzen, deren teilweise noch lebenden Mäusefänge auch immer mit lautem Mauuu-Mauuu präsentiert und leider, wenn wir nicht rechtzeitig aufpassen, dann häufig in der Küche freigelassen und mitsamt Jäger schleunigst wieder an die frische Luft expediert werden müssen. Also lobten wir unseren Gépé ebenso bereitwillig. Der fing – so schien es uns – vor Wohlbehagen auch fast zu schnurren an.

Ob es nun unser überschwengliches, ehrlich gemeintes Lob war oder weil er uns wirklich gut leiden kann, jedenfalls durften wir uns als erste ein Stück auswählen und folgten seinem Rat, die Keule zu nehmen. Erst jetzt schlug er den Körper, den er inzwischen an einem starken Eichenast nahe beim Haus aufgehängt hatte, geschickt wie ein gelernter Schlachter aus der Schwarte. Richtig harte Arbeit, die ihn gehörig ins Schwitzen brachte. Man sollte das Fleisch aber besser noch einige Tage in einer Kühlkammer abhängen lassen. Er könnte den Schinken auf dem Nachhauseweg bei seinem Cousin, dem Metzger unten im Dorf – mit dem sehr treffenden Namen Monsieur Saindoux (Schweineschmalz) –, bei dem wir doch sowieso immer kauften, gleich für uns zum Abhängen mit abgeben. Nächsten Sonnabend müßten wir das Fleisch dann dort wieder abholen. Denn erst nach dem Abhängen sei das Wildbret so richtig mürbe und würde uns bestimmt sehr gut munden. Was wir beide aber mit so einem Batzen Fleisch nun anfangen sollten, wußten wir auch nicht. Einkochen, wohl der einzig mögliche Ausweg, artet gewaltig in Arbeit aus. Das beste wäre der Abmarsch in die Tiefkühltruhe, aber so etwas gibt es in einem Ferienhaus nicht.

Im übrigen sei ihm der Bauer oben bei La Mayorie richtig

dankbar, daß diese wilde Sau, deren Rotte gehörig die umliegenden Maisfelder verwüstet habe, nun endlich zur Strecke gebracht sei. Der verlockende, saftige Mais ist nur schwer vor den Wildschweinen zu schützen. Eine Verteidigungstaktik gegen die einfallenden Scharen, die in kurzer Zeit ganze Maisschläge plattwalzen können, kann man nachts in der Feldmark immer wieder hören. Am Ackerrand als Abschreckung installierte Lärmvorrichtungen, die in regelmäßigen Abständen wie Gewehrschüsse losknallen, sollen das Wild verängstigen und abhalten. Aber solche Anlagen sind kostspielig und dürfen auch nur weit entfernt von Ansiedlungen ballern. In diesem zersiedelten Land ein großes Hindernis. Die Bauern behaupten sogar, daß das regelmäßige Knallen schon nach kurzer Zeit wenig Auswirkung hat und für die schlauen Schwarzkittel schnell seinen Schrecken verliere. Auch Elektrozäune nützen wenig, denn sind sie zu niedrig, und das Wild springt mühelos drüber hinweg. Sind sie zu hoch gezogen, taucht der Dachs geschickt drunter durch. Der recht plump wirkende Meister Grimbart gilt als gewiefter Maisräuber. Er lehnt sich mit seinem ganzen Körpergewicht an die Pflanzenstengel und drückt sie auf diese Weise herunter, um so an die leckeren, saftigen Kolben zu gelangen.

Gépé hatte viel zu erzählen, denn diese Jagdsaison war nach Jahren des waidmännischen Darbens seine bisher erfolgreichste. Jägerlatein und wahre Begebenheiten verschmolzen nach jedem Schluck immer mehr miteinander, und wir hörten gebannt seinen anschaulichen Erzählungen zu. Je reichlicher der Pastis floß, um so spannender und reizvoller, aber auch um so unglaubwürdiger wurden seine Geschichten. Von wegen beim Schlachter noch vorbeibringen. Daraus konnte nichts mehr werden, denn allmählich überstieg der Alkoholpegel das Fahrvermögen, und zwar überdeutlich, und auch auf dem Lande, ja selbst über versteckte Waldpfade fährt man dann mit solcher Ladung nicht mehr.

Aber wie nun sollte diese Schnapsdrossel mit der Restsau nach Hause kommen? Ich schied ebenfalls aus, denn auch mein Blut war vom vielen Zuprosten bereits höherprozentig. Also schwang Ute – Ehefrauen sind doch die liebenswertesten Pannenhilfen – sich ins Auto und holte Gabrielle, seine Frau, ab. Wie alle Jägersfrauen, war Gabrielle Kummer gewöhnt und kannte die Auswirkungen gelungener Jagdzüge – dann wurde das Glück begossen – und ebenso auch glückloser Jagden – dann wurde der Kummer ertränkt. Allerdings ist es selten, daß der gute Gépé einen solchen über den Durst trinkt. Aber morgen war ja Sonntag – und bei dieser prächtigen Bache …

Unsere beiden nüchtern-klarblickenden Frauen waren sich schnell einig, daß nicht nur die Jagd den Jägern, sondern auch den Nichtjägern das Zuhören bisweilen schlecht bekommt – eine schnurgerade Strecke von der Sau zum Kater. Insbesondere eben, wenn der geistigen Getränke zu viele im Spiel sind. Und man kennt eigentlich keine Jagderlebnisse und die dazugehörigen Schilderungen ohne diese abrundende Beigabe. Selbstbewußt bemerkten beide Frauen, daß das ja alles ganz schön sei, doch was nütze die kapitalste Wildsau, wenn man sie nicht veredeln könne? Und das sei die Domäne der Frauen. Denn erst mit gelungener Zubereitung ist der Gipfel allen Jagdglücks zu erklimmen, stellten sie mit einmütiger Genugtuung fest. Gépés Frau hatte für uns auch sogleich das richtige Rezept zur Hand. Bevor aber das Fleisch in den Topf wanderte, sollte es zwei Tage in einer würzigen Marinade vorgebeizt werden:

## Marinade de gibier

2 l Wasser, 1 l Rotwein,
5 cl Weinessig, 6 EL Öl,
10–15 Wacholderbeeren, leicht zerdrückt,
23 Lorbeerblätter, 15 Pfefferkörner,
1 Gewürzsträußchen,
etwas zerkleinertes Suppengemüse,
3 Zwiebeln, in Scheiben geschnitten,
200 g durchwachsener Speck,
gewürfelt, und – so man will –
2 Knoblauchzehen, Salz, Pfeffer.

Alle Zutaten zusammen eine halbe Stunde aufkochen, erkalten lassen und erst dann das Fleisch einlegen. Mindestens 24 Stunden unter mehrmaligem Wenden ziehen lassen.

Die so gebeizte Wildschweinkeule wird dann wie folgt zubereitet:

## Sanglier périgourdin (8–10 Personen)

1 Wildschweinkeule, 150 g Speck,
Pfeffer und Salz, Thymian und Majoran,
in der Hand gerebelt, etwas Wasser,
100 g Gänseschmalz.

Für die Sauce:
einige Abschnitte von der Keule,
50 g feingeschnittener Speck,
5 Schalotten, in Scheiben geschnitten.

Suppengemüse, einige Pfeffer- und Pimentkörner,
1–2 Lorbeerblätter, ½ in Rotwein
eingeweichtes Brötchen,
etwas Wasser.

Die gut abgehangene und gehäutete Keule mit dem Speck
spicken, salzen, pfeffern, mit dem gerebelten Thymian und
Rosmarin würzen und in das heiße Fett legen. Flüssigkeit
angießen und unter häufigem Begießen bei 220–250° im
Backofen braten. Man rechnet pro 500 g Wildschweinfleisch
ca. 20 Minuten Bratzeit.
Doch nun zur Sauce:
Speck auslassen, Schalotten, Suppengemüse und die Gewürze darin andünsten, die Haut und sämtliche kleinen Abschnitte der Keule und das Brötchen dazugeben. Alles kurz
dünsten, mit Wasser auffüllen und 1 Stunde köcheln. Den
erhaltenen Saft durch ein Sieb passieren und dem Bratenfond der Keule zufügen. Dann die Sauce mit dem Rotwein
abschmecken und noch einmal kurz aufkochen.

Nachdem die Zubereitung geklärt war, legten wir ohne
langes Hin und Her gleich ein Datum für ein gemeinsames
Diner fest und verabredeten uns kurzfristig zum Wild-
schweinessen bei uns am darauffolgenden Wochenende, zu
dem wir Jacques, dessen Lieblingsausspruch lautet: *»On va
se permettre un bon gueuleton«*[*], und Michelle ebenfalls einlu-
den.
Auf ihre vorsichtige Frage, ob denn Louis und Christine
auch mit von der Partie seien, griffen wir – Fleisch war ja
überreich vorhanden – gleich wieder zum Hörer und baten
die beiden aus Domme ebenfalls dazu. Louis war sofort

---

[*]  frei: »Wir werden uns einen guten Schmaus erlauben.«

Feuer und Flamme, Wildschwein in jeder Zubereitungsform sei seine Leib- und Magenspeise. Stolz meinte er, daran erkenne man eben seine Gallierwurzeln. Jacques wiederum bat seine Michelle, doch unbedingt ihr in Frankreich zu den Küchenstandards gehörendes Dessert beizusteuern. Die urlaubende Ute habe genug Arbeit mit der Zubereitung der Keule. Er weiß eben, daß wir für Michelles *crème caramelle* so meilenweit wie der Camelmann gehen. Den aus Eiern zubereiteten Pudding bekommt man zwar überall gereicht, aber wie das eben oft bei Standardgerichten ist, die dann recht lieblos und im Schnellverfahren zubereitet werden, recht selten so exzellent. Michelles *crème caramelle* sei – so drückte Jacques das schwärmerisch aus – wie Nektar und Ambrosia und dürfe nur mit Bedacht und vor Genuß verklärten Augen verzehrt werden. Zwar handelt er sich mit dieser Art von Übertreibung immer wieder den Tadel seiner Frau ein, denn die ist für solcherlei Überschwang überhaupt nicht zu haben. Auch weiß sie nie, ob er sie vielleicht nur verulkt. Aber unrecht mit seinem überschwenglichen Lob hat Jacques keineswegs.

### Crème caramelle Michelle

½ l Milch, 100 g Zucker,
½ Vanilleschote, längs aufgeschnitten,
5 Eier, 225 g Zucker.

Die Milch mit 100 g Zucker und der Vanilleschote einmal aufkochen und kalt stellen. Die Eier wie folgt aufteilen: 2 ganze Eier und 3 Eigelb in eine Schüssel geben, eine Prise Salz dazu und mit einem Elektroquirl verrühren. Zwischendurch Förmchen vorbereiten und mit Öl ausstreichen. 125 g Zucker mit ein wenig Wasser in einer Pfanne schmelzen und goldgelb karamelisieren. Mit einigen Tropfen Weinessig stoppen. Den karamelisierten Zucker in die vorbereiteten Förmchen geben. Die abgekühlte Milch in die Eimasse schlagen und in die Förmchen abfüllen. Die Förmchen dann im Wasserbad, in einem *bain-marie*, im vorgeheizten Backofen bei 180° ca. 30 Minuten garen. Ein Tip: Wenn Sie mit einem Messer in die Masse schneiden und an der Schneide bleibt nichts kleben, ist die Crème fertig und natürlich – gelungen. Ihre gekonnte Zubereitung wird nämlich oft unterschätzt.

## Daniel und die Riesenschleie

Montag, am späten Nachmittag, schaute Daniel *le pêcheur* herein und fragte uns so ganz beiläufig, was wir denn von Schleien halten. Eine etwas eigentümliche Erkundigung, hinter der wir – wie sich später ganz richtig herausstellte – sofort irgendeine Absicht vermuteten. Welche Frage auch, ist die Schleie doch nach Meinung der Feinschmecker der wohl delikateste Süßwasserfisch unserer Breiten; im Geschmack sozusagen die Herzhaftigkeit vom Karpfen mit der Finesse einer Bachforelle in sich vereinend. Mein Vater, ebenfalls ein großer Petrijünger vor dem Herrn und mit dem Daniel früher oft fischen ging, hat Schleien sogar geräuchert und dabei eine Geschmacksnote erreicht, die Aal und alles andere weit in den Schatten stellte. Daniel hatte oft davon gegessen, denn Räucherfisch ist in Frankreich relativ unbekannt, aber einmal gekostet, dann ein immerwährender Speisewunsch. »Detlev, bis zu welcher Größe kann man denn Schleien räuchern?« war Daniels offensichtlich etwas scheinheilige Frage. »Na, ich würde so bei einem Kilo die Obergrenze ziehen. Dann wird es zu schwierig mit dem Garen, denn der Rauch darf möglichst nicht zu heiß sein, wenn man einen zarten Rauchgeschmack erzielen will und das Fleisch trotzdem saftig und fest bleiben soll. Es ist sehr schwierig, dicke Exemplare mit wenig Hitze durch und durch zu garen.« »Schade, dann scheidet Räuchern ja aus.« »Wieso? Was willst du denn räuchern, Daniel?« war unsere eigentlich wenig erstaunte Gegenfrage, denn wir hatten ja schon mit einem Hintertürchen gerechnet. »Na ja, ich habe heute vormittag in dem tiefen Mühlenkolk dort unten, kurz bevor die Beune in die Vézère fließt, eine Schleie von zweieinhalb Kilo gefangen, und die wollte ich euch zum Räuchern verehren. Wenn ich dann ein Stück abbekommen könnte. Aber dann bereitet sie doch auf andere Weise zu.«

So eine Riesenschleie hatten wir noch nie gesehen. Ein Prachtexemplar, wie sie olivgolden da vor uns lag. Doch was sollten wir beide allein mit so einem Tier anfangen? Für zwei viel zuviel. Auch hatten wir ja schon das Wildbret. Ute, die geborene Organisatorin in puncto Tafelfreuden, kam aber gleich die zündende Idee. »Daniel, gestern hat Gépé uns eine Wildschweinkeule vorbeigebracht, und wir haben beschlossen, diese am kommenden Samstag gemeinsam zu vertilgen. Louis und Christine und Jacques und Michelle sind ebenfalls dabei. Claude und Alain haben auch zugesagt. Wenn Kiki und du noch nichts vorhabt, kommt doch mit dazu, und wir tischen die Schleie als *entremet* für uns alle mit auf. Dann ist die Gesellschaft komplett, und mit diesen zehn Personen haben wir die richtige Tafelrunde beisammen. Das wird ein wunderbares Diner. Und du weißt, daß Detlev uns Spitzenweine dazu kredenzen wird. Also, was ist?« Spontan griff Dany zum Telefon, um bei seiner Kiki nachzufragen. Die war sofort einverstanden, hatte aber eine Bedingung und ließ sich den Hörer reichen: »*Ma chère Outh*, du bist im Urlaub und hast mit einer solchen Veranstaltung allein zu viel Arbeit. Ich sage nur zu, wenn du dir von mir helfen läßt. Ich habe ein tolles Rezept, das ich mit einigen kleinen Änderungen schnell in ein Zwischengericht verwandeln kann. Ich will es mal *tanche Vézère* nennen.«

Alles klar, am Sonnabend wurde gespeist. Und wenn da jemand noch mal behauptet, viele Köche verderben den Brei, so wäre das – wenn überhaupt – nur ganz wörtlich zu nehmen. Denn hier traf diese Feststellung in keinster Weise zu, handelte es sich doch um Köchinnen, und diese drei Küchenfeen ergänzten sich aufs vortrefflichste.

### Tanche Vézère

8–10 kleine Filets,
250 g Butter, 1 Zitrone,
400 g eingemachte Steinpilze,
Kerbel, Schnittlauch,
Salz, Pfeffer.

Aus einer so großen Schleie kann man sehr gut die vorgenannte Anzahl Filetstücke bekommen. Sie müssen aber so dick geschnitten sein, daß nach dem Aufschneiden noch eine Füllung möglich ist.

Steinpilzfüllung:
Die Steinpilze im Mixer zerkleinern, mit 60–80 g Butter vermischen, Kerbel und Schnittlauch dazugeben, salzen und pfeffern.
Den Fisch ca. 1–2 Minuten von jeder Seite in Butter anbra-

ten, dann längs aufschneiden und mit den vorbereiteten Steinpilzen füllen und gut warm stellen.

Eine helle Sauce dazu wird wie folgt zubereitet:

200 g Butter, 6–8 EL Wasser in einer Pfanne so lange mit dem Schneebesen schlagen, bis alles etwas abbindet, dann die Zitrone und den Cayennepfeffer unterziehen und alles gut abschmecken.

## *Einläuten*

Es ist schon löblich, wenn Lebenskünstler immer wieder voller Überzeugung verkünden, daß mit das schönste an einem Essen auch hier das Vorspiel sei, der in Ruhe vorweg genossene Aperitif mit der sich steigernden Zuneigung zum nun Kommenden, der durch ihn vergoldeten Erwartungshaltung. Ein mit Verstand eingenommener Aperitif will nicht etwa gekippt, sondern mit Bedacht Schluck für Schluck genossen werden, immer mit Blickrichtung auf das, was nun bald auf uns zukommt. Dabei breitet sich der zurückhaltend getrunkene Alkohol wohltuend in Leib und Seele aus. Gut dosiert, setzt er einen ersten Anfang, weckt freudige Erwartungen und erhöht die Spannung vor dem Tafeln. Wie eine Art Präludium stimmt er uns ein, verlangt Sich-setzen, läßt Besinnlichkeit einkehren, trainiert, nein sensibilisiert die Geschmacksnerven, regt den Appetit an und trimmt den Magen mit Hinweis auf die anstehende Aufgabe. Kurzum, er bereitet uns vor. Beim Aperitif werden erste Gedanken ausgetauscht und das anstehende Menü schon mal fachmännisch ventiliert. Variationen und eigene Rezepterlebnisse machen die Runde. In Frankreich fachsimpeln die Männer sehr kenntnisreich bei den meisten Zubereitungen mit – und die im Périgord sind da noch merklich versierter. Sollten die Gäste dabei immer mehr nach den Küchendüften schnuppern und sich wohlige Ungeduld breitmachen, steuern wir auf den ersten Höhepunkt zu. Wenn man dann noch das große Glück hat, an einem lauen Sommerabend in die untergehende, glutrote Sonne prosten zu dürfen, gewinnt der sehr bildhafte Augenblick des in England mit Recht so bezeichneten Sundowners seinen wahren Inhalt. Zunge, laß die Seele schnalzen.

Im Périgord trinkt man einige Aperitifs, Digestifs und Schnäpse, die nur dort zu finden sind, wie beispielsweise den *liqueur de noix, liqueur de genièvre, liqueur de coing, liqueur de vieux garçon* und den schon zuvor beschriebenen *ratafia*. Alle werden sie auf der Basis von Tresterschnaps unter Zugabe der jeweiligen Geschmacksrichtungen angesetzt. Dann läßt man sie ziehen und viel später erst die Kehle hinunterrinnen. Vom wichtigsten aber brauchen wir nun das Rezept:

### Liqueur de brou de noix

1 l hochprozentiger Trester mit möglichst 55°,
25 unreife Walnüsse,
sie müssen so jung sein,
daß man ohne Widerstand
eine Stricknadel durchstechen kann,
3 g Muskatnuß, 3 g Zimtstange,
2 Nelken und
750 g Puderzucker.

Die Nüsse gut zerkleinern. Alles zusammen in ein hernach dicht zu verschließendes Einweckglas geben und einen Monat lang ziehen lassen. In dieser Zeit nimmt der Alkohol sämtliche Aromen an. Dann dekantieren und filtern, den in

Wasser aufgelösten Zucker dazugeben und auf Flaschen ziehen. Möglichst – wenn man es schafft, die Naschlust zu bändigen – sechs Monate bis ein Jahr lang im Keller an einem dunklen Platz reifen lassen.

## Hochzeit

Beim Abschied nahmen uns Claude und Alain das feste Versprechen ab, unter allen Umständen – komme, was wolle – unbedingt zur Hochzeit ihres Sohnes Romain mit Cathérine nach Les Eyzies zu kommen. Romain, der als Militärangehöriger immer wieder die Standorte wechseln muß, wird eine reizende *cigogne* heiraten. In Frankreich die liebevolle Bezeichnung für ein Mädchen aus dem Elsaß, dem Land der Weißstörche.

Wer feiert nicht gern – und dann auch noch im Périgord, wo durchaus niemand, auch kein Arbeitgeber, schimpft, wenn sich solch ein Fest über drei Tage und auch mal länger hinzieht. Von solch überschwenglichen Feiern hatten wir schon des öfteren vernommen, von ihren ausgedehnten Vorbereitungen gehört, den vielen Mühen, die man sich vorher macht – auch mit dem Drumherum –, und der Stimmung, die sie über Tage verbreiten. Und nun würden wir auch an einem solchen teilnehmen dürfen. Wir fühlten uns geehrt, denn man ist zwar über die Maßen gastfreundlich im Périgord, aber hier waren wir zu einer Familienfeier geladen. So eine Festivität macht normalerweise vor Nichtheimischen halt. Wohl waren wir voll akzeptierte Saisonnachbarn, vielleicht sogar zurückhaltend integriert und konnten auf echte Freundschaften zählen, aber auf den Lande wird man frühestens in der dritten Generation zum Einheimischen. Wenn überhaupt jemals.

Wie oft bekommen wir zu hören, es müsse uns doch auffallen, daß die- oder derjenige von auswärts seien. Auch wenn der Ort nicht mal zwanzig Kilometer entfernt ist oder fast hinter der nächsten Biegung liegt. Bisweilen wird dann auch schon mal schnippisch vermerkt, diese oder jene Verhaltensweise sei ja recht unverständlich, aber das sei auch kein Wunder, denn die Großmutter sei doch damals von weither gekommen. Und Fremde seien sowieso immer etwas eigentümlich, verdienten deshalb aber auch Nachsicht.

Daß über eintausendfünfhundert Kilometer Anreise für uns zu überwinden seien, wurde mit einer lässigen Handbewegung vom Tisch gefegt. »Ihr reist ja gern und fühlt euch doch so wohl im Périgord«, hieß es nur lapidar. Schließlich heirate der erstgeborene Sohn, und wir würden doch das »Kind« nun schon kennen, seit es die Windeln abgestreift habe. Jetzt ein junger Mann mit einer aufstrebenden Militärkarriere, die in Frankreich einen gänzlich anderen, viel respektierteren Stellenwert hat als im heutigen Deutschland. Auch waren Romain und seine beiden Brüder René und Patrick uns in all den Jahren sehr ans Herz gewachsen und bei uns immer wie Kinder im Haus. Von den aufgeweckten Jungs hatten wir viel über Wald und Flur gelernt, denn wie alle streiften sie unaufhörlich durch ihre Wälder, kannten viele geheime Wildpfade, im Wald verborgene Ruinen und die besten Pilz- und Walderdbeerstellen, die sie nicht so eifersüchtig hüteten wie die Erwachsenen. Zum Erstaunen aller hatte Patrick, der Jüngste, dabei konkurrenzlos immer den schärfsten Blick und als erster seinen Korb voll. Seinem Auge entging keine noch so verborgen stehende Morchel, und diese tarnen sich wirklich gekonnt. Die umliegenden Flure waren ihnen so vertraut wie ihre Hosentaschen. Unser gleichaltriger Sohn Alexander war in all den

Jahren immer ihr Spielgefährte, und später – mit Eintritt in die Sturm-und-Drang-Zeit – suchte man gemeinsam die Diskotheken zum Anbandeln auf. Claude und Alain sind in den Jahren mit unsere engsten Freunde geworden. Und wenn wir mal eine Zeitlang nicht kommen können, weil die Pflicht uns im Norden festnagelt, glühen zeitweise die Telefondrähte.

Natürlich würden wir nichts unversucht lassen, um dabeizusein, denn eine Hochzeitsfeier im Périgord und zudem noch bei unseren Freunden übertrifft alles an Erwartungen. Auch hatten wir, obwohl wir schon so häufig dort gewesen waren, das Périgord noch nie im Herbst erlebt, wenn sich die Laubwälder bunt färben und die Natur – sich vorher noch einmal farbenprächtig aufbäumend – so allmählich zur Ruhe begibt. Ganz zu schweigen von der Pilzzeit, die uns passionierte Sammler dann wohl von morgens bis abends in die Wälder treiben würde. Wer sollte das dann alles essen? Aber man kann die Ausbeute ja für pilzarme Zeiten einkochen.

Solche Einladung bedarf überhaupt keiner Überredung. Und spätestens bei Bekanntgabe des Hochzeitsmenüs, des *menu de noces*, das eigentlich schon ab der Geburt eines Kindes für seinen späteren Start ins Eheleben diskutiert wird – in manchen Familien wohl auch schon früher –, hätte dessen Zusammenstellung und opulente Abfolge auch den letzten Zauderer überzeugt:

*Menu de noces*

*Bouillon de noces aux quatre viandes*
*Chabrol généreux*
*Foie gras du Périgord*
*Ecrevisses sarladaises*

*Truffes sous la cendre*
*Tanche froide sauce mayonnaise*
*Civet de lièvre aux cèpes et marrons glacés*
*Salade aux fines herbes*
*Fromage*
*Gateaux de mariage*
*Fruits*
*Café*
*Eau-de-vie ou liqueur*
*Champagne*

*Quel repas!* Welch ein Essen! rufen an dieser Stelle selbst verwöhnteste Périgordiner aus.

Nachdem uns dieses Menü bekannt und mit vielen Ergänzungen bis ins kleinste Detail erläutert worden war, bedankten wir uns nicht nur aufs herzlichste für die Einladung, sondern erklärten zugleich, daß wir wohl ab sofort monatelang fasten müßten, um das alles im Oktober auch irgendwie unterbringen zu können.

Es war übrigens das erstemal, daß ich im Périgord zur Feier des Tages einen dunklen Anzug und Krawatte tragen müßte. Würde man mich überhaupt wiedererkennen? Oder vielleicht hänseln? So wappnete ich mich, die eine oder andere Stichelei untergejubelt zu bekommen. Aber weit gefehlt. Meine Verkleidung interessierte niemanden, denn die Landbewohner ziehen sich auch nur fein an – *en dimanc*, sonntäglich, wie sie sagen –, wenn es unumgänglich ist. Und so kennen sie diese erzwungene Metamorphose, nehmen sie als gebotene Pflicht aber nur gelegentlich in Kauf und schweigen sich, um nicht selbst angepflaumt zu werden, bei anderen über diese Verwandlung lieber aus. Da wir inzwischen als regelmäßig auftauchender Teil ihrer Gemeinschaft galten, sah man diese ungewohnte Kleidung somit auch bei mir als ganz normale Zwangsjacke an. Mit den Roben der Damen allerdings ist das anders, denn modischer Chic gilt überall und dringt bis in die hintersten Winkel vor. Auf dem Lande weiß man nur zu gut, was zur Zeit der gängige Modehit ist. Und so eine modisch gekleidete, sich sehr natürlich bewegende, perfekt geschminkte Périgordinerin ist eine Augenweide an Charme und Grazie. Da nun die Hochzeitsglocken läuten sollten, ging die ausrichtende Familie mit vollem Elan an die Planung. Bald schon liefen die Vorbereitungen auf Hochtouren. Der erst kürzlich fertig gewordene, repräsentative Festsaal der Gemeinde wurde gebucht, die Musiker frühzeitig unter Vertrag genommen, und alle Frauen saßen abends zusammen und bastelten Papierblumen *en masse*. Sie sollen, so ist es Brauch, später Saal, Standesamt, Kirchenportal, Altar, Autos und Elternhaus überreich schmücken. Doch vor allem werden sie die wegweisenden Wacholderbüsche zum »Blühen« bringen. Die papierblumenverzierten Bäumchen stehen einladend am Beginn der Zufahrtswege, an Hoftoren und flankieren rechts und links den Eingang des Elternhauses. Vermutlich ist der Wacholder wegen seines ganzjährigen Grüns wohl ein altes, noch aus heidnischer Zeit stammendes Fruchtbarkeitssymbol, ähnlich unserem Weihnachtsbaum und dem Mistelzweig in England. Noch monatelang danach verkünden die Nadelbüsche vor dem Haus der Hochzeiter, daß hier eine neue Familie gegründet worden ist.

Brautpaar und Gäste – noch im Kostüm und dunklen Anzug – gingen im kleinen Kreis am späten Vormittag zur Ziviltrauung in die *Mairie*, aufs Rathaus. Wie bei offiziellen Anlässen in Frankreich üblich, hatte der Bürgermeister als Repräsentant der Republik feierlich seine in den Farben der Trikolore gefaßte Schärpe umgelegt. So ein offizieller Anlaß ist weniger stimmungsvoll, aber sehr würdig. Zum Abschluß gab's für jeden Champagner. Bürgermeister müßte man sein und jeden Tag mindestens zehn Trauungen zelebrieren – wenn's die Leber durchhält.

Zur kirchlichen Trauung wurde sich dann aber umgezogen: die Braut, wie es sich gehört, ganz in Weiß, mit weitem Schleier und einem reizenden Myrtenstrauß. Der Bräutigam in seiner eleganten, blauen Ausgehuniform, die eher zivil als militärisch wirkte. Romain, der zunächst ganz gelassen und durchaus Herr der Situation zu sein schien, aber eben doch wohl nur rein äußerlich souveräne Ruhe ausstrahlte, ergriff plötzlich eine unerklärliche Nervosität. Wieder und wieder durchwühlte er seine sämtlichen Taschen. Auch die des soeben abgelegten Anzuges, sein Nachttischchen und jeden möglichen Winkel. Doch nirgends konnte er die Trauringe finden. Wo passiert nicht mindestens ein Mißgeschick bei einer so komplizierten Angelegenheit wie einer Hochzeitsfeier? Zumal bisher alles verdächtig glatt und wie am Schnürchen gelaufen war. Die wohlgehüteten Goldreife jedoch waren verschwunden. Anfangs glaubte er noch an einen üblen Scherz. Doch sie waren wirklich weg. Die Aufregung war gewaltig, und alle packte die Sorge um dieses unverzichtbare Symbol des Ehebundes. Angeblich hatte Romain sie vor einigen Tagen zum Aufbewahren seinem Bruder René ausgehändigt. Doch der Angeschuldigte wies das mit schäumender Empörung von sich. Dann mit einemmal sollte der Vater der Lordsiegelbewahrer gewesen sein. Auch der schüttelte auf Nachfragen nur traurig den Kopf. Hatte man sie vielleicht beim Juwelier vergessen, denn Cathérines Ring sollte ja noch geweitet werden? Ja, das war's. So wie das immer ist, einer hatte sich dann auf den anderen verlassen, doch sie wieder abzuholen war im Trubel der Vorbereitungen der letzten Tage völlig untergegangen.

Und jetzt war es zu spät. Zwar fiel nun allen ein Stein vom Herzen, aber Ratlosigkeit machte sich trotzdem breit, schließlich kann man sich doch nicht mit Leihstücken vermählen. Und dann noch dieses nervtötende, dauernd schrillende Telefon, das Patrick jetzt endlich und sehr unwillig abnahm. Er lauschte angespannt – und seine Miene hellte sich zusehends auf. Immer strahlender gestikulierend, was alle nur noch unwirscher machte, schrieb er aufgeregt völlig unverständliche Kreise in die Luft und verhakte – den Hörer mit der Schulter ans Ohr pressend – seine Ringfinger ineinander. Zeichensprache, die niemand verstand. Als die Spannung fast unerträglich wurde, legte Patrick für eine Weile den Hörer beiseite und verkündete die alle erlösende Nachricht: »Der Pfarrer ist am Telefon. Er sagt, bei ihm sei soeben ein Juwelier aus Sarlat gewesen und habe eure Ringe im Pfarramt vorbeigebracht.« Jetzt deckte Patrick die Sprechmuschel mit der Hand ab. »Und nun fragt der Pfaffendeckel doch tatsächlich, ob ihr die Ringe denn gar nicht vermißt habt? Und ob ihr überhaupt wißt, daß ihr heute heiratet? Na ja, er hat nie gehochzeitet, der Zölibatär.« So ein Hirte ist doch manchmal wirklich etwas weltfremd.

Uff, ein Riesenproblem weniger. Alle stiegen erleichtert in die papierblumengeschmückten Autos und begaben sich mit einem infernalischen Hupkonzert in die ehrwürdige, aus dem 12. Jahrhundert stammende, massive Wehrkirche von Tayac, um der feierlichen Hochzeitszeremonie beizuwohnen. Die Blechkarawane kurvte bis dorthin durch die unmöglichsten Kehren, beschrieb lange Umwege durch winklige, enge Gassen, blockierte die Hauptstraße und zog über Stock und Stein, damit auch der letzte Dorfbewohner mitbekam, daß Les Eyzies ab sofort voll den Hochzeitern gehörte.

Wir haben die Gäste nicht gezählt, aber der Saal war voll. Und es war kein kleiner Saal. Hier auf dem Lande ist jeder mit jedem verwandt, und eine Grenze zu ziehen, wen man nun nicht einlädt, ist kaum möglich. Doch obwohl das halbe Dorf mitfeiert, hat man – das ist so sicher wie das Amen in der Kirche – jedesmal trotz peinlich genauen Nachdenkens bestimmt irgend jemanden übergangen. Die Vorwürfe hernach sind nur mit Fatalismus und schuldbewußt gesenktem Haupt zu überstehen.

Lustige und salbungsvolle Reden wurden geschwungen, Sketche dargeboten, und das Brautpaar dabei kräftig und auch drastisch verulkt. Die jungen Leute trieben allerlei Schabernack, verliehen der Braut den Hosenbandorden, wobei sie ihr den Rock weit mehr als zulässig hochstreiften – *honni soit qui mal y pense!* –, und versuchten durch anzügliche Scherze besonders einige Gäste, nämlich die bekanntlich mit etwas spießigerem Gehabe, aus der Reserve zu locken. Aber die Stimmung war viel zu gelöst, so daß ihnen immer nur fröhliches Lachen auch der Anvisierten entgegenschlug. Als ein Stückchen Glücksbringer für Abergläubische sicherte sich jeder einen Fetzen vom bald geopferten Brautschleier und befestigte ihn später an seiner Autoantenne. Nach durchzechter und durchtanzter Nacht verließen die letzten Unverzagten das Fest erst bei einsetzendem Morgengrauen.

Das Brautpaar aber hatte sich bald nach Mitternacht verabschiedet, wie es eben üblich ist. Denn auch in unseren zwar nicht mehr verkrampften Zeiten ist die wunderbare Sehnsucht nach Lust immer latent vorhanden. Also gibt man ihr auch nach. Und ganz bestimmt in der Hochzeitsnacht! Es fiel aber allmählich auf, daß einige Zurückgebliebene immer mal wieder verstohlen auf die Uhr schielten. Doch man läßt den Liebenden noch etwas Zeit. Dann aber machen sich die engsten Freunde auf den Weg, um den Erschöpften zur Stärkung gleich etwas zu essen direkt ans Bett zu bringen – *apporter le tourin*, wie diese Landessitte hier heißt.

Denn wer will bestreiten, daß das Hochzeitspaar bestimmt hungrig danach ist?! Also hat man ein Herz und serviert dem Brautpaar vor Ort und noch in der Hochzeitsnacht den schon von langer Hand vorbereiteten kräftigenden *tourin*. Um allen Eventualitäten vorzubeugen, hat man Teller und Bestecke auch gleich mit dabei. Für Getränke allerdings müssen die Besuchten sorgen. Ein im Périgord beheimateter Brauch, an dem mit inniger Hingabe festgehalten wird. Mit großem Tamtam und möglichst viel Lärm tauchen die Gäste dann mitten in der Nacht »völlig unverhofft« bei dem absolut »unvorbereiteten« Hochzeitspaar auf und stürmen möglichst auch noch das Schlafzimmer. Die »Hochgescheuchten« gebärden sich zwar äußerst überrascht, sogar betroffen schauen sie drein – aber das gehört mit zum Spiel. Sie sind »zufälligerweise« auf diesen »völlig überraschenden Besuch« vorbereitet und haben bereits ausreichend Getränke gekühlt und Gläser für die (überhaupt nicht) Erwarteten bereitgestellt. Der allseits inszenierte Überfall ist perfekt. So sitzen die liebsten Freunde mit dem Brautpaar noch Stunden, bisweilen sogar direkt ums Bett herum, beisammen, plaudern, scherzen und sind fröhlich. Geistige Getränke fließen dabei in Strömen – und alle feiern bis zum Umfallen.

# Hochgenuß

Besonders für Streßgeplagte, in den Alltag Eingezwängte ist dieses gesegnete, kaum entdeckte Fleckchen Erde mit seiner Ruhe und Gelassenheit, seiner Lage abseits jeden Lärms, seinem ausgeglichenen Klima, seinen liebenswerten Menschen, seinen reizvollen Naturschönheiten und Sehenswürdigkeiten – und nicht zu vergessen, mit seiner berühmten Küche – eine Heimat des Genießens, überquellendes Füllhorn und Nervennahrung zugleich. Ein Land der grünen Wälder und Matten – teilweise auch noch im trockensten Hochsommer, wenn im Süden Europas das Grün sonst bereits überall verdorrt ist. Alsbald einkehrende wohlige Zufriedenheit macht sich in jedem Besucher breit. Einmal angelangt im Périgord, bekommt man Appetit auf all diese Vorzüge, Angebote und Genüsse – eine gehörige Portion Lust aufs Périgord. Mit schwelgerischen Vorstellungen, die sich jeder ganz persönlich nach seinem Gutdünken ausmalt. Also schwebt man voller Erwartung ein, all dies hier nun zu verwirklichen, und wird – auch nach zwanzig Jahren ständiger Wiederkehr – nie enttäuscht. Bisher habe ich auch noch keinen Menschen getroffen, dem es anders ergangen ist. Die Liebe zum Périgord ist chronisch, ein wunderbarer Bazillus, der fast alle seine Besucher befällt und ihnen eine dauerhafte Périgordinfektion einimpft.

Der eine liebt gute Küche und will an den hiesigen Tafelfreuden teilhaben, egal ob bescheiden, ob gutbürgerlich

233

oder auf den Spuren sternedekorierter Köche. Der andere, vielleicht etwas philanthropischer Veranlagte, legt mehr Wert auf ehrliche Gastfreundschaft und die Geselligkeit netter Menschen. Der nächste sucht Erholung und Entspannung in der hier so prallen Natur, will wandern über Stock und Stein, der Blick über heile Landschaft, grüne, weite Forste, üppige Weiden, kleine Weiler, Dörfer und behäbige Landstädtchen schweifen lassen. Naturverbundene begeistern sich an der hier noch intakten Umwelt – Industrie scheint vor den Provinzgrenzen haltgemacht zu haben – und der vielfältigen Pflanzen- und Tierwelt. Wißbegierige und Forschungshungrige hat es hierhergetrieben, um sich von den zahlreichen Grotten und der in ihnen zu bewundernden Malkunst unserer Steinzeitvorfahren beeindrucken zu lassen. Golf, Reiten und Tennis haben ebenfalls mit der Entwicklung maßvoll Schritt gehalten. Und ganz Bequeme ziehen es vor, nur zu faulenzen, sonnenzubaden oder auch in den nächsten Fluß zu tauchen. Alle Wünsche werden erfüllt. Nur das Mondäne ist hier etwas zu kurz gekommen.

Gemeinsam genießen Zugereiste wie Ansässige – bewußt oder nur unbewußt – das reizvolle Périgord, das samt und sonders wirklich eine helle Freude für sämtliche Sinne ist und das dem Aufenthalt einen alle Wünsche und Vorstellungen zufriedenstellenden Rahmen verleiht. Das milde, aber auch wechselhafte Wetter trägt ein übriges dazu bei. Bei dem recht nahen Atlantik kann es im Sommer auch schon mal regnen und heftig gewittern. Aber eine solche Husche möbelt auf und läßt hernach alles in neuer Frische erstrahlen. Wer also einmal für einige Zeit im Périgord gewesen ist, wird immer wieder Sehnsucht verspüren, bald dorthin zurückzukehren. Vielleicht sogar für immer, wie die vielen Zugereisten, die sich mittlerweile im Land der Trüf-

feln, Wälder und Höhlen angesiedelt haben. Ihr Heimisch-
werden spricht eine beredte Sprache.

Persönlich betrachtet jedoch standen und stehen – abgesehen natürlich von meinen Périgordiner Freunden und ihrer
anziehenden Küche – für mich immer noch die einmaligen
Höhlenmalereien und beeindruckenden Fundstätten der
Mittleren bis Jüngeren Altsteinzeit, des Meso- und Neopaläolithikums, einer Zeitspanne von immerhin bald zwei-
hunderttausend Jahren, geballt auftretend in einer fast zu
umgreifenden Region, im Vordergrund. Alles das nach und
nach aufgefunden im Périgord, dem Paradies seit der Urgeschichte – bis heute.

# Rezepte